제7대 죄악, 탐식

죄의 근원이냐 미식의 문명화냐

지은이 **플로랑 켈리에**

역사학자이다.
프랑스 투르의 프랑수아 라블레 대학의 조교수이자 프랑스 국립과학 연구센터CNRS
〈근대 세계 음식의 역사학〉 정교수로 재직 중이다.
저서로는 《프랑스인들의 식사. 문화의 역사, 15세기~19세기 초 *La Table des*
Francais. Une histoire culturelle, XVe-dèbut XIXe siècle》2007가 있다.

옮긴이 **박나리**

연세대학교에서 불문학과 국문학, 한국외국어대학교 통번역대학원 한불과를 졸업했다.
CMC Vietnam을 비롯해 여러 기관에서 통번역 활동을 해왔으며, 현재 번역에이전시
엔터스코리아에서 출판기획 및 전문번역가로 활동한다. 주요 역서로는 《엄마가 재혼했어요》,
《왜 사람은 죽을까요》, 《왜 학교에 가야 하나요》 등이 있다.

제7대 죄악, 탐식

지은이 ㅣ 플로랑 켈리에
옮긴이 ㅣ 박나리
펴낸이 ㅣ 한병화
편집인 ㅣ 최미혜
디자인 ㅣ 손고운

초판 인쇄 ㅣ 2011년 12월 10일
초판 발행 ㅣ 2011년 12월 20일

펴낸곳 ㅣ 도서출판 예경
등록 ㅣ 1980년 1월 30일(제300-1980-3호)
주소 ㅣ 서울시 종로구 평창동 296-2
전화 ㅣ 396-3040~3 **팩스** ㅣ 396-3044
전자우편 ㅣ webmaster@yekyong.com
홈페이지 ㅣ http://www.yekyong.com

ISBN 978-89-7084-468-8 (03900)

플로랑 켈리에 지음

박나리 옮김

제7대 죄악, 탐식

죄의 근원이냐 미식의 문명화냐

예경

가톨릭에서 다뤄지는 여타 칠죄종과 달리 탐식은 항상 철학적·종교적·사회적 접근 대상이었다. 탐식은 지나친가 절제된 것인가에 따라 그 역사적 위치가 달라졌다. 《제7대 죄악, 탐식》은 바로 그 점을 우리에게 환기시킨다. 인간을 대표하는 조건이기도 한 식욕과 관련된 극단적인 두 증상, '비만'과 '거식증'은 오늘날 대립된 권력을 행사한다. 인간을 대표하는 조건이라 함은 '불변하는 인간적 조건'이라는 의미를 내포하기도 하는데, 그렇다면 이러한 조건인 탐식에 대한 태도의 양상은 역사적으로 어떻게 변천했을까.

　　중세시대의 사상가들이 주저 없이 대식大食을 비난한 반면, 18세기의 의사이자 사전편찬가인 조쿠르Louis de Jaucourt는 대식을 섣불리 비난하지 않았고, 심지어 그가 집필한 《백과전서》 〈탐식〉 편에서는 탐식을 "맛있는 음식에 대한 세련되면서도 과도한 사랑"이라고 정의했다. 여기에서 말하는 세련됨이란 맛에 대한 감각을 의미하는데 이러한 미각의 발달은 음식에 대한 사랑과도 밀접하게 관련되어 있기 때문에 세련됨과 과도함이 하나의 짝을 이룬다는 조쿠르의 의견은 일견 타당하다. 이 책에서는 이러한 세련됨과 과도함의 결합인 탐식이 섹슈얼리티로 이어지는 역사적 기록이 여러 차례 등장하는데, 바로 식욕이 굉장히 쉽게 성욕으로 넘어가는 데에 그 근거를 둔다. 고로 식욕까지만 언급한다 하더라도 최소한 성욕을 암시하는 셈이다. 그래서 탈망 데 레오는 최고의 탐식가이자 미식가인 사블레 후작 부인의 성적 자유분방함을 은유적으로 비꼬며 고발한 적이 있다.168쪽

　　저자 플로랑 켈리에는 그리모 드 라 레이니에르Grimod de la Reyniere와 브리야 사바랭Jean-Anthelme Brillat-Savarin이 탐식을 어떻게 사회적으로 가장 높은 위치에 있는 예술의 경지에 올렸는지를 보여준다. 19세기 초 여덟 권으로 이뤄진 그리모의 《미식가 연감》에서 부르주아의 사고방식뿐 아니라 오

늘날 보보족의 짜증 나는 사고방식을 엿보는 것도 굉장히 즐겁다. 이들은 항상 어디서 최고의 굴 요리를 먹을 수 있는지, 어디서 포도주와 치즈를 사야 하는지 알아야 한다고 주장했다. 그런데 이처럼 '최고의 식도락'을 안다고 주장하는 태도에는 항상 여성을 비하하는 경향이 뒤따랐다. 몇 세기 동안 여성들은 달콤한 과자에 대한 애정이 지나치다고 치부되었으며, 이를 근거로 미성숙한 존재인 아이들과 유사하게 여겨졌다. 본문에 언급되는 이전의 한 광고에서는 탐식을 금지하는 규칙을 어기고 화이트치즈에 대한 욕망과 쾌락을 느끼는 한 여성이 스스로를 '부도덕하다'고 말하는데, 이는 성을 빗대 여성을 비하하는 인식을 내포한 것이다.229쪽 또한 저자는 장 뤽 프티르노가 유창한 언변으로 식품산지에 대한 섬세하지만 고상한 체하지 않는 애정을 통해 식욕을 장려하는 것을 제시하며 이를 반기기도 한다.

　　내가 교수였을 때, 학생들과 나는 〈바바와 마른 쿠키〉라는 시를 공부한 일이 있다. 은퇴하는 날이 되어서야 그 시가 프랑크 노엥의 《우화》에서 발췌한 시라는 것을 알았는데, 〈바바와 마른 쿠키〉에서는 달콤한 럼주에 부끄러움도 없이 몸을 적셔 술에 취한 바바baba. 술을 넣은 시럽에 적신 카스텔라와 퍽퍽한 마른 쿠키를 대립시키며, 바바라는 주정뱅이의 모든 악덕을 이야기한다. 시인은 서로 대립되는 두 과자의 역을 차례대로 맡아 그들의 생각을 표현한다. 탐식을 은유하면서도 삶을 은유한 이 시를 음미하는 것은 즐거운 일이었다. 시를 풀이한 후에 이어진 토론도 무척이나 기분 좋은 순간이었다. 나는 언젠가 조금 통통한 학생이던 니콜라가 철학적으로 흐르던 토론을 끊고 열변을 하던 내용을 항상 기억한다. "선생님, 저는요, 최소한 70퍼센트는 바바인 것 같아요." 누군가를 완전한 바바 혹은 완전한 마른 쿠키라고 단정하기는 어렵다. 퍼센트에 대한 니콜라의 감각을 여전히 존중한다.

필립 들레름

"나는 미식gourmandise이라는 단어를 여러 사전에서 찾아보았으나 어디에서도 전혀 만족할 수 없었다. 엄밀한 의미에서 '미식'은 언제나 '대식'이나 '식탐'과 혼동된다."

브리야 사바랭, 《브리야 사바랭의 미식 예찬》
성찰 11 〈미식에 관하여〉

〈에덴의 정원〉
《극히 호화로운 베리공의 기도서》의 삽화
아담과 이브가 원죄를 짓고 천국에서 추방당하는 장면

탐식에서 미식까지 :
구르망디즈 의미의 변천사

'구르망디즈'라는 단어가 문헌에 등장한 시기는 중세 말로 프랑스에서는 1400년경, 영국에서는 1450년경에 지나지 않는다. 그러나 이 단어의 역사는 그보다 훨씬 이전인 기독교 초기, 3~4세기에 동방에서 처음으로 수도사 공동체가 건설되었던 때로 거슬러 올라간다. 이 단어는 현존하는 단어이나 그 의미는 몇 세기 동안 급격한 변화를 겪었다. 이 단어 하나에 게걸스런 대식가글루통glouton, 미식 애호가구르메gourmet, 식도락기구르망gourmand라는 세 가지 다른 의미가 들어 있다. 각 의미들은 각각 세 번에 걸친 서양의 역사적 시기와 일치한다. 가장 오래된 의미는 '많이 먹고 마시는 사람'으로, 프랑수아 라블레의 대표작 《가르강튀아》¹⁵³⁵에 등장하는 '탐식과 폭음'과도 일치한다. 당시 이 단어는 매우 부정적인 단어로 끔찍한 악덕을 가리켰다.

스페인어 gula, goloso, golosoria, 이탈리아어 gola, 포르투갈어 gula, guloseima, gulodice는 중세 가톨릭에서 체계화된 칠죄종 중 하나인 '탐식'을 뜻하는 '굴라'라는 라틴어에서 파생된 단어이다. 시간이 지나면서 이 단어는 훨씬 긍정적인 두 번째 의미를 지니게 된다. 두 번째 의미는 프랑스에서 17~18세기에 선풍적인 인기를 끌며 '구르메^{gourmet, 미식 애호가}라는 프랑스어를 유럽 언어에 정착시켰다. 영국에서는 한동안 에피큐어^{epicure, 식도락가, 미식 애호가}라는 단어를 선호하다가 프랑스 미식담론이 생겨나던 1820년에야 구르메라는 단어를 받아들였다. 구르망디즈가 부도덕한 이미지에서 벗어나 진미를 찾고 미식을 즐긴다는 의미가 된 것이다. 긍정적 의미로서 좋은 음식과 포도주, 품위를 갖춘 식사를 사랑하는 애호가를 지칭하기 시작했다. 그러나 식탐이 많은 자, 곧 대식가를 가리키는 '글루통'이라는 단어 역시 여전히 세력을 떨쳤다. 교회와 도덕론자에게 꾸준히 비난의 대상이 된 글루통은 교육도 받지 못한, 더럽고 걸신들린 사람이자 추한 몰골의 부랑자와 동류로 취급받으면서 사회적으로 지탄받았다. 마지막으로 구르망디즈gourmandise의 복수형gourmandises은 프리앙디즈friandises. 과자나 사탕 등 달콤한 음식. 진미의 동의어가 되었고 '세련됨, 애지중지하기, 간식을 조금씩 먹기' 등의 의미 역시 내포하게 되었다.

한때 짠 음식과 관련이 있던 용어인 구르망디즈는 18~19세기에 이르러 달콤한 음식이 전성기를 누리던 때와 긴밀하게 관련되면서 달콤한 음식을 아이와 여성의 전유물로, 고급 음식과 좋은 포도주를 남성의 전유물로 여기는 풍토와도 자연스레 이어졌다. 그러나 달콤한 음식gourmandises의 아동화·여성화로 말미암아 구르망디즈라는 단어의 가치가 하락하면서, 중대한 죄였던 탐식은 결국 미성숙한 사람의 타고난 결점으로 여겨지게 된다.

19세기에는 구르망디즈에서 착안한 용어가 생겨나기 시작하는데, 1801년에는 가스트로노미gastronomie. 미식법 그리고 1802년에는 가스트로놈gastronome. 정통 미식가이라는 단어가 만들어졌다. 본래 구르망디즈가 지녔던 고상한 의미를 덜 모호하게 표현한 가스트로노미가 유럽 언어에서 선풍적인 인기를 끌면서 구르망디즈라는 단어의 가치는 하락하게 된다. 가스트로노미가 덜 모호한 이유는 구르망디즈가 지녔던 종교적 배경과 성적 뉘앙스뿐 아니라 그리스어에서 파생되어 생겨난 학술적 뉘앙스까지 사라졌기 때문이다. 가스트로노미는 변호사 조셉 베르슈1775~1838가 '위胃'를 의미하는 가스트로gastro와

'규칙'을 의미하는 노모스nomos를 결합해 만든 단어이다. 그는 1801년에 발표한 자신의 시에서 가스트로노미는 잘 먹는 기술이나 기법으로, 가스트로놈은 미식 애호가를 의미하는 단어로 처음 사용했다. 접미사 노모스는 절제하여 먹는다는 개념, 다시 말해 도를 벗어나지 않는 열정과 제대로 된 식사 예절을 떠올리게 한다. 이로써 가스트로노미는 농담거리가 아닌 진지한 개념이 되었다.

탐식에서 파생된 세 단어, 글루통계걸스런 대식가, 구르망식도락가, 가스트로놈정통 미식가. 즉, 글루통은 결점이며 방탕함이고, 구르망은 본능적이고 원초적인 삶의 기쁨이며, 가스트로놈은 진지한 학습이자 교육의 산물이다. 이후에 그리스도교회의 영향력이 현저히 줄어들고 경제가 풍요로워지면서 구르망디즈는 다시 정의된다. 현대 서구사회에서 미식의 기쁨을 누리는 데에 더 이상 죄책감을 느끼지 않는다면 바로 이 때문이 아닐까? 하지만 젊고 탄탄하며 날씬한 몸에 대한 찬미로 말미암아 또 다른 형태의 탐식의 죄가 현대인의 관심사로 급부상하게 된다.

그러나 오늘날에도 여전히 탐식에 대한 의견은 분분하다. 한쪽에서는 의학적 견해와 도덕론적인 시점으로 영양과다인 서구인들을 끝없이 규탄하고, 또 다른 쪽에서는 이에 항복하지 않고 미식의 미학적인 측면으로 이를 방어한다. 최근에는 일종의 정체성으로서 각국에 자리 잡은 미식의 역사가 강조되고 있으며, 미식 애호가의 성장세와 정통 미식가의 사회적 위치로 인해 이들을 동시에 아우르는 혼성적인 개념을 만들어내려는 시도가 계속되고 있다. 이는 인간의 기본적 욕구인 식욕, 즉 탐식의 사회적 정당성을 새로이 보장하는 방법이기도 하다.

차 례

추천사   4
탐식에서 미식까지: 구르망디즈 의미의 변천사   6

1   중세의 탐식   12
일곱 가지의 죄   15
탐식이 부르는 참사   17
죄의 근원, 탐식   20
혐오스러운 탐식   25
부유한 권력자의 죄   30
절식을 권하는 사회   31
도덕론자와 교육학자가 말하는 탐식   34
건강을 해치는 탐식   38

2   중세의 유토피아, 코케뉴   42
중세의 유토피아   45
사시사철 넘치는 음식   48
지역에 따른 독특한 맛   50
기름진 음식, 모두의 로망   53
코케뉴의 심리적 역할   55
이상한 왕국, 코케뉴가 주는 교훈   59

3   음탕한 가톨릭, 금욕적인 프로테스탄트   66
중세 성직자의 탐식   69
가톨릭 식食문화에 대한 프로테스탄트의 격렬한 고발   73
먹을 것밖에 모르는, 위대偉大한 신학자   75
금육禁肉, 가톨릭의 위선   78
프로테스탄트들이 식사의 즐거움을 거부한다고?   81
가톨릭 사회가 음탕하다고?   87
금식의 규율이 느슨해지다   91
금식과 초콜릿   94
취기醉氣, 탐식의 진정한 죄   96
가톨릭교회는 미각의 쾌락을 죄악으로 여기지 않는다   98

4 미식 애호가의 전성시대 102
식도락의 등장 105
미식 애호가의 탄생 107
교양 있는 식도락 110
게걸스런 대식가 114
미식 애호가의 조건 116
계급에 따른 식도락 119
절제된 행동 122
영양학에서 고급스러운 입맛으로 127
프랑스 문화모델의 중심 130
굶주린 자들의 반격 134

5 미식문학의 시대 140
익살극과 패러디 143
미각의 쾌락 148
식도락가로 사는 법 150
단어의 품격 155
정통 미식가의 탄생 157
승승장구하는 미식담론 161
문화유산으로서의 미식 163

6 식탐, 여성의 결점 166
여성과 달콤한 맛 170
차별받는 여성 173
성욕을 자극하는 초콜릿 177
미각적 쾌락, 관능적 쾌락 182
먹음직스러운 여자 187
교양 있는 여성 190
저속한 식食문화 191

7 유년기의 입맛, 아동화된 식탐 196
식탐, 어린아이에게 나타나는 자연스러운 결점 202
포동포동한 아이 예찬 206
과자 선물 208
단 과자의 전성시대 213
추억의 맛, 마들렌 218

• 찾아보기 234
• 참고문헌 239
• 사진출처 240

8 탐식의 죄가 돌아오다 224
"부끄러우면 어때, 맛있는데" 229
"멧돼지 한 마리 더 먹으려고 하는데…" 231

〈식탐이 많은 자, 게으른 자, 색을 밝히는 자에 대한 지옥의 형벌〉
이탈리아 채색화, 15세기

중세의 탐식

"수도원을 떠나 마을을 찾은 수도사가 어느 집에 들러 주인에게 고기를 달라고 했다. 주인이 아직 고기를 익히는 중이라고 대답하자 수도사가 말했다. "그럼 아무거나 꼬치에 끼워 서둘러 요리해주시오." 주인이 꼬치를 준비하는 동안 수도사는 참지 못하고 고기를 조각내어 숯불에 던졌다. 몹시 뜨거운 고기를 집어 입에 쑤셔 넣은 순간 수도사는 갑자기 죽어버렸다. 식탐이 화근이었다."

오동 드 클뤼니, 《담화집》, 917~927

중세의 탐식

새파랗게 젊은 국왕 내외는 지나치게 허물없는 친구들과 함께 넘쳐나는 음식과 포도주와 한데 어우러져 유희를 즐겼다. 프랑스 왕 샤를 6세가 1389년 5월 생드니 수도원에서 개최한 기사단 연회는 주지육림에, 역사학자 쥘 미슐레1798~1874의 표현을 빌리자면 "묘지 근처에서 벌인 난장판"이었다. 연회 자리에는 고위 성직자도 있었는데 한껏 배가 부른 이들은 더 먹기 위해 토하는 일도 서슴지 않았다. 생드니 성당 수사인 미셸 팽토엥은《샤를 6세 연대기》1380~1420에 이렇게 저술했다. "밤낮이 뒤바뀐 채 탐식에 몸을 맡기고 무절제에 취한 귀족들이 국왕의 면전에서 방탕과 간통에 빠져 신성한 공간을 더럽히고 있다."

당대 사가들은 샤를 6세의 무절제한 연회가 세 가지 종류의 모독이라고 비난했다. 첫째는 왕실의 품격에 대한 모독이요, 둘째는 성소에 대한 모독이며, 셋째는 카페왕조의 성전에 대한 모독이라고 했다. 특히 샤를 6세는 라틴어로 '굴라탐식'와 '룩수리아성욕'의 악덕을 저질렀다는 비난을 피할 수 없었다. 이는 종교인이 세속에 대해 내린 평가이지만, 기사단의 연회

이야기는 14세기와 15세기에 걸쳐 프랑스 왕국에 만연했던 도덕적 위기를 잘 보여주는 예이기도 하다. 이미 30년 전에 푸아티에 전투1356에서 프랑스 기사단이 불명예스럽게 참패한 이후, 탐식은 전투에 대한 귀족들의 열정을 사그라뜨린 주원인으로 비난받지 않았던가.

일곱 가지의 죄:

굴라gula라는 라틴어는 본래 '목'이라는 뜻이나 가톨릭에서는 '탐식의 죄'를 의미한다. 이 용어는 사막 교부들의 특수한 상황—이집트 사막이라는 지리적 상황, 영혼의 고양을 위한 고행이라는 인간적 상황—에서 기독교 역사에 모습을 드러냈다. 이집트 사막에 수도사 공동체를 처음으로 건설한 사막 교부들은 신을 향한 영혼의 고양을 위해 자신의 육체에 엄격한 고행을 강요했다. 365년경 저명한 수도자인 에바그리우스 폰티쿠스는 사탄이 인간을 타락시키기 위해 이용하는 여덟 가지의 악덕 혹은 불순한 생각의 목록을 작성한다. 이 목록에서 절제와 금식에 반대되는 개념인 탐식혹은 식탐은 첫 번째 유혹이며 성욕은 두 번째 유혹이다.

　　이리하여 기나긴 미래가 예정된 굴라-룩수리아, 곧 탐식과 성욕이라는 사악한 한 쌍이 탄생했다. 여덟 가지 악덕은 탐식, 성욕, 인색, 슬픔, 분노, 태만, 허영, 오만으로 육체적 죄악과 영적 죄악을 망라한다. 탐식에서 오만으로 이어지는 순서는 죄의 중대한 정도를 보여주기도 하지만 탐식이 다른 죄악을 유발하는 만큼, 타락의 과정을 보여주는 순서이기도 하다. 그래서 수도의 규율은 무엇보다도 탐식을 근절하는 일을 최우선으로 삼아야 했다. 일 년 내내 몸에 필요한 최소한의 수요만 충족하도록, 다시 말해 목숨을 부지하고 주어진 과업을 완수할 수 있을 정도로만 양을 제한하며 매일 먹을 음식의 양과 종류, 식사 시간을 정확히 정해놓고 무엇보다도 금식을 이상으로 삼는 '식사의 절제' 체제를 도입하는 것이었다.

> "금식이 천상의 정수이며 그 재현이 아니라면 대체 무엇이겠는가? 금식은 영혼의 식사이자 정신의 양식이고 천사의 생명이자 과오의 소멸이다. 또한 채무의 소거이자 구원의 약이며 은총의 근원이자 정절의 토대이다. 금식을 통해 인간은 신에게 더 빨리 닿을 수 있다."
> (밀라노의 암브로시아스, 6세기)

이후 420년경 수도사 존 카시안은 에바그리우스의 8대 악덕론을 이어받아 이를 서양의 수도원에 전파했다. 6세기 말, 교황 그레고리우스 1세는 《욥기 주해》에서 8대 악덕의 차례와 항목을 바꿔 칠죄종七罪宗으로 정리했다. 죄가 중대한 순서대로 첫 번째 죄는 오만, 즉 극에 달한 자기애이며 탐식은 성욕 바로 전, 맨 뒤에서 두 번째 자리를 차지하고 있다. 오만, 질투, 분노, 슬픔, 인색, 탐식 그리고 성욕이다. 그레고리우스 1세가 정리한 칠죄종은 중세 도덕과 문화의 바탕을 이루며 6세기부터는 모든 신도들에게, 특히 후대에 생겨난 종파인 탁발 수도회, 성 도미니크 수도회, 성 프란체스코 수도회에 보급되었다. 제4차 라테란 공의회1215를 통해 의무화된 연례 고해성사는 이들 칠죄종에 대한 질문으로 이루어져 있다. 그러나 칠죄종의 순서는 일부 수정되었고 현재에 이르러 탐식은 오만, 인색, 성욕, 분노 다음으로 다섯 번째이며 질투와 태만이 그 뒤를 잇는다.

탐식이 부르는 참사:

탐식이라는 죄에 대해 교회는 어떤 정의를 내리고 있는가? 그레고리우스 1세에 따르면 식사 시간 외에 먹거나 식사 시간 이전에 먹는 행위, 생리적으로 필요한 이상으로 너무 많이 먹거나 마시는 행위, 탐욕스럽게 먹는 행위, 사치스러운 음식이나 고급스러운 음식을 탐하는 행위 등이 모두 탐식이라는 죄에 해당한다. 식사 시간 이전에 먹는 행위를 비난하는 데에서 드러나듯이 수도원의 영향력은 절대적이었지만, 수도원 사회에서 속세로 옮겨가면서 탐식의 개념은 변화한다. 탐식은 더 이상 금식이나 육체적 고행에 반대되는 개념이 아니라 절제라는 이상에 반대되는 개념이 된다. 탐식에 대한 고삐가 처음으로 느슨해진 것이다. 그러나 음식을 먹을 때 느끼는 기쁨과 생리적 필요를 나누어 생각하기가 어려워, 죄로서의 탐식이라는 개념은 여전히 모호했으며 모호함의 정도는 더 심화되었다.

중세의 신학자들은 가벼운 죄에 불과한 탐식 자체보다는 탐식이 초래하는 심각한 결과를 강조했다. 그레고리우스 1세는 탐식이 어리석은 기쁨, 음란함, 순결의 상실, 지나친 수다 그리고 감각기능의 약화라는 다섯 가지 부정적 결과를 가져온다고 말했다. 특히 가장 문제시되는 것은 식탐이 많은 자가 술에 취할 때 그 취기가 언어와 육체에 미치는 영향이었다. 음란하고 우스꽝스러운 몸짓과 노래, 불경한 말, 지나친 수다, 몽롱한 정신, 어리석은 즐거움 등이 바로 취기의 산물이다. 그 때문에 언어에 관련된 죄악 중 일부분은 탐식과, 다른 부분은 분노와 질투, 성욕과 관련이 있다. 수도원의 규율은 식탁에서 침묵을 강요하고 대화를 성서 봉독으로 대체했는데 탐식과 수다의 육체적이며 세속적인, 위험한 만남을 방지하기 위해서였다. 영혼의 양식糧食이 육체의 양식보다, 청각의 양식이 미각의 양식보다

우위에 있음을 입증하면서 말이다. 인간의 입은 사탄의 공격에 무방비하게 열려 있는 문으로, 말과 음식물이 오가는 교차지점에 있다. 탐식은 더 심각한, 때로는 치명적인 죄악의 원인이 되기도 했다. 예를 들어 탐식은 인간의 감각을 고조시켜 성욕으로 이끌기도 한다. 음식물, 그중에서도 육류와 향신료가 들어간 소스를 지나치게 많이 섭취하면 육체와 정신이 흥분된다. 《농부 피어스의 환상》16세기에는 교회로 가는 길목에서 향신료를 들고 식탐이 많은 사람을 기다리는 사탄의 이야기가 나온다.

신학자 장 드 제르송1363~1429은 정욕에 가득 찬 남자가 향신료가 든 음식을 맛보고 이내 육체적인 죄를 범하는 이야기를 하며 청중을 교화한다. 탐식이라는 죄악의 제일 심각한 형태인 취기는 말다툼이나 폭력적인 행동을 넘어 살인, 음란하거나 신성모독적인 언행, 혼외정사 혹은 생식이 목적이 아닌 성관계로 이어지는 신체 접촉까지 일으킬 수 있다. 탐식의 유혹에 진 사람은 사회적 불화나 내분의 잠재적인 원인이 되기도 한다. 사회 지위에 비해 너무 사치스러운 음식을 먹는 행위 등은 신이 결정한, 날 때부터 정해진 것으로 여겨지는 사회계급을 뒤흔들기 때문이다.

탐식을 뜻하는 굴라는 '타락한, 부정한, 반사회적인'이라는 의미를 지닌 욕설로 사용되는 불명예까지 맛보게 된다. 법이나 문학 관련 문헌을 통해 알려진 중세의 욕설 중 글루통glouton이라는 단어와 그 파생어gloz, glot, glou는 오늘날 사용되는 '걸신, 아귀'라는 단어의 의미뿐 아니라 '타락한, 방탕한'이라는 의미도 포함하고 있었다. 탐식과 성욕의 연관성이 드러나는 부분이다. 그리고 이 단어는 게걸스러움, 탐욕스러움, 왕성한 식욕 등의 의미도 내포하고 있었다. 글루통이라는 욕설이 여성형으로 사용되는 경우 탐식과 자유분방한 성생활 간의 연관성은 더 뚜렷하게 드러난다. 여

〈지옥도〉(세부)
작자미상, 16세기, 두칼레 궁전, 베네치아

성에게 '글루톤gloutonne' 또는 '글루트gloute'라고 하는 것은 곧 창녀라고 부르는 셈이었다. 마노스크의 재판소에서 피고인은 어떤 여성에게 "음탕한 창녀글루트여, 너는 불에 타 죽을 것이니"1260년 5월 31일라고 비난을 퍼부었다. 1404년 2월, 디종의 한 어머니는 정숙하지 않은 딸의 행실에 화가 나 이렇게 말했다. "어디서 오는 거냐, 이 음란한 것글루트아." '프리앙friand' (특정 음식을 열렬히 좋아하는-옮긴이)이라는 단어 역시 드물긴 하지만 욕설로 사용되었는데 여기서도 탐식과 성욕이 연결되어 있다는 점이 눈여겨볼 만하다. '글루통'에서 '프리앙'까지, 한 사람의 위신에 흠집을 내는 일은 식욕과 성욕의 결합을 통해 이루어졌다. 이는 중세의 성직자뿐 아니라 일반인도 복부와 음부, 곧 식욕과 성욕이라는 두 가지 개념을 연결하여 생각하고 있었다는 사실을 보여준다. "배가 불러야 춤을 추며 즐긴다"라는 격언도 있지 않은가.

죄의 근원, 탐식:
탐식이 중대한 죄라는 것은 성경의 어느 이야기에 근거를 두고 있을까? 칠죄종 자체는 성경에 기록되어 있지 않으며 십계명에도 탐식이라는 죄는 언급되지 않는다. 마태복음에서는 '입으로 들어가는 것이 사람을 더럽게 하는 것이 아니라 입에서 나오는 것이 사람을 더럽게 하는 것이니라'마태복음 15장 11절라고 말하고 있다. 그러나 구약에는 기독교 초기 역사부터 탐식이 중대한 죄였음을 볼 수 있는 구절이 여러 개 포함되어 있다. 팥죽이라는 비루한 음식 한 그릇에 장자권을 포기한 에서의 이야기는 도를 벗어난 식탐을 보여주고 있다. 노아의 아들 함의 후손이 받은 저주, 롯의 근친상간과 홀로페르네스의 죽음은 취기를 문제 삼고 있다. 약속의 땅으로 향하는 길에 이스라엘 민족은 신이 주신 만나보다 더 맛있는 음식을 열망하게 되면서 우상숭배에 빠져든다. 이 에피소드는 폭식 혹은 식탐을 음식에 대한 맹목적인 사랑이자 우상숭배라고 비난하고 있다. 헤롯왕이 세례요한을 죽이기로 결심한 것도 호화스러운 잔치를 벌이던 중이었다. 성경에는 폭식과 식탐을 경계하기를 충고하는 이야기가 수없이 많다. 아담과 하와의 원죄 역시 식탐 때문일지도 모른다. 낙원 이야기에 나오는 간교한 뱀은 하와에게 이렇게 묻는다.

> "뱀이 여자에게 물어 가로되 '하나님이 참으로 너희더러 동산 모든 나무의 실과를 먹지 말라 하시더냐' 여자가 뱀에게 말하되 '동산 나무의 실과를 우리가 먹을 수 있으나 동산 중앙에 있는 나무의 실과는 하나님의 말씀에 너희는 먹지도 말고 만지지도 말라 너희가 죽을까 하노라 하셨느니라' 뱀이 여자에게 이르되 '너희가 결코 죽지 아니하리라 너희가 그것을 먹는 날에는 너희 눈이 밝아 하나님과 같이 되어 선악을 알 줄을 하나님이 아심이니라' 여자가 그 나무를 본즉 먹음직도 하고 보암직도 하고 지혜롭게 할 만큼 탐스럽기도 한 나무인지라 여자가 그 실과를 따 먹고 자기와 함께 한 남편에게도 주매 그도 먹은지라 이에 그들의 눈이 밝아 자기들의 몸이 벗은 줄을 알고 무화가 나뭇잎을 엮어 치마를 만들었더라" (창세기 3장 1~7절)

중세 신학자 중 아우구스티누스를 제외한 나머지는 원죄에 오만함, 불복종뿐만 아니라 식탐까지 포함된다고 보았다. 4세기경 밀라노의 주교이자 교부인 암브로시우스는 《창세 이야기》에 이렇게 적었다. "음식이 들어오자마자 세계의 종말이 시작되었고, 식탐이 천국에 살던 인간을 천국에서 몰아내었다." 13세기의 설교사인 초밤의 토마스의 말을 들어보자. "탐식은 가증스러운 악덕이다. 왜냐면 최초의 인간이 탐식의 죄로 타락했기 때문이다. 흔히들 원죄가 신의 말씀에 복종하지 않은 것이라 말하지만, 아담이 탐식의 죄를 저지르지 않았다면 벌을 받는 일도 없었을뿐더러 인류가 그와 함께 벌을 받지도 않았을 터이다." 탐식은 원죄의 원인일 뿐 아니라 어쩔 수 없이 성욕의 죄를 저지르게 한다. 창세기의 낙원 이야기를 떠올려보자. 아담과 하와는 과실을 입에 대자마자 다음과 같은 변화를 겪는다. "이에 그들의 눈이 밝아 자기들의 몸이 벗은 줄을 알고 무화가 나뭇잎을 엮어 치마를 만들었더라"창세기 3장 1~7절 수도사 존 카시안의 저서5세기에서부터 이미 이 두 육체적 죄는 긴밀하게 연결되어 있었다. 지나친 식탐은 성욕을 유발할 수밖에 없는 것이다. 그레고리우스 1세는 해부학적으로 설명하길 "인체 기관배치를 봐도 알 수 있듯이 생식기관은 복부 아래에 있다. 그래서 복부의 위가 지나칠 정도로 가득 차게 되면 생식기관의 욕구가 자극되는 것"이라고 적었다. 뱀의 유혹에 넘어가는 하와의 모습은 식탐과 성욕의 결합이라는 이미지를 차용한다. 하와의 손에 들린 먹음직스럽고 둥그런 사과가 하와의 벌거벗은 가슴을 상기시키는 것은 바로 그 때문이다. 또다른 예로, '칼느carne'라는 단어는 탐식과 성욕 사이의 중의성을 이용하여 육체와 고기를 동시에 뜻한다.

구약과 신약의 유사성을 강조하는, 권위 있는 어느 해석에 따르면 신약에는 탐식과 성욕의 연관 관계가 드러나며, 원죄에 대한 탐식의 책임을 인정하는 것처럼 해석되는 부분이 내포되어 있다고 한다. 요한이 에베소와 소아시아의 여러 교회에 보낸 첫 번째 편지에 따르면 "이는 세상에 있

〈이브와 원죄〉
1526년경, 우피치 미술관, 피렌체

는 모든 것이 육신의 정욕과 안목의 정욕과 이생의 자랑이니 다 아버지께로 좇아 온 것이 아니요 세상으로 좇아 온 것이라"_{요한일서 2장 16절}라고 적혀 있다. 이것은 여러 중대한 죄를 가리키는 구절로 이해되며 위에 인용된 "육신의 정욕"은 식탐과 성욕의 만남 즉, 원죄를 가리킨다.

또한 마태복음에 따르면 광야에서 40일간 금식한 예수에게 사탄이 다가와 세 가지 시험을 한다. 사탄의 첫 번째 시험은 음식과 관련된 것으로, "시험하는 자가 예수께 나아와서 가로되 네가 만일 하나님의 아들이거든 명하여 이 돌들이 떡덩이가 되게 하라"라고 사탄은 말한다. 이에 예수는 "사람이 떡으로만 살 것이 아니요 하나님의 입으로 나오는 모든 말씀으로 살 것이라"라고 대답한다. _{마태복음 4장 3~4절}

바울이 옥중에서 기록하여 빌립보 교회에 보낸 서신 내용에 따르면 "저희의 마침은 멸망이요 저희의 신은 배요 그 영광은 저희의 부끄러움에 있고 땅의 일을 생각하는 자라"_{빌립보서 3장 19절}라고 하여 탐식을 경계하는 내용을 담고 있음을 알 수 있다. 이 부분으로 인해 중세 신학자와 설교사들은 창세기에서 탐식을 원죄와 연관하여 생각하는 자신들의 해석이 옳다고 여겼다. 그렇기에 중세 회화에서 사방이 막혀 불과 연기로 가득한 곳으로 그려지는 지옥의 모습이 요리를 하는 주방의 모습에서 영감을 얻었으며, 죄인을 집어삼키는 괴수의 거대한 입으로 암흑의 문을 표현한다는 것은 우연이 아니다. 인간의 원죄에 원인을 제공한 식탐은 지옥의 형상에까지 흔적을 남겼다.

혐오스러운 탐식:

수사본手寫本을 수놓은 문자나 중세 교회를 장식한 프레스코 벽화에는 식탐이 형상화된 이미지가 문양으로 새겨져 있다. 고기와 포도주를 마주하고 식탁에 앉은, 배가 불룩한 대식가의 이미지는 탐식의 죄를 형상화하는 가장 흔하면서도 눈에 띄는 방법이다. 일곱 개의 중대한 죄가 쉼 없이 서로 다른 죄를 유발하는 '악덕의 행렬'에서 배가 불룩하게 나온 뚱뚱한 남자는 한 손에 포도주잔을, 다른 손에는 고기를 들고 늑대나 암퇘지를 타고 있다. 이 같은 도상학적 모티프는 15세기의 수많은 수사본을 장식했으며 종교 건축물의 프레스코 벽화로 그려졌다. 중세의 우화에서 늑대와 암퇘지는 탐식을 상징하는 동물로 그려졌는데, 장 드 제르송의 이야기에서처럼 곰 역시 탐식을 상징하는 경우도 있었다. 탐식을 의미하는 영단어 글루터니gluttony의 가장 유명한 예는 노리치 성당15세기에 그려진 것으로, 암퇘지를 탄 대식가가 포도주잔 대신 맥주잔을 들고 있는 모습이다. 악덕의 행렬이라는 모티프를 현지화한 대표적인 예인 동시에 신실한 신자들을 교육시키기 위한 교재였던 셈이다.

중세시대의 마지막 두 세기에는 지옥에 떨어진 자들이 받는 형벌을 매우 구체적으로 묘사했는데, 이를 통해 벌의 죄목을 추측해볼 수 있다. 14~15세기의 이탈리아 프레스코화에는 탄탈로스의 형벌을 받는 대식가들이 종종 등장했다. 그리스 신화의 탄탈로스 왕은 신들의 음식을 훔친 죄로, 맛있는 과일이 주렁주렁 달린 나무 아래 영원한 굶주림과 갈증으로 고통당한다. 피사의 부오나미코 부팔마코1330~1340의 지옥도, 타데오 디 바르톨로1393~1413가 토스카나 지방 산 지미나노의 두오모에 그린 지옥도를 보면 당대인들에게 가장 고급스럽고 맛있는 음식으로 여겨진 구운 닭고기

와 신선한 포도주가 가득한 식탁에 대식가들이 둘러앉아 있는데, 악마는 그들에게 음식을 바라보는 것만 허락하고 먹지는 못하게 한다. 한쪽에서는 사람들이 악마가 들고 있는 고기 꼬치를 향해 게걸스럽게 달려가다가 꼬치에 몸이 뚫리고, 다른 쪽에서는 악마의 배설물을 억지로 삼킨다. 대식가들의 입에서 나오는 녹색 뱀은 탐식의 죄를 의미한다.

알비 생트세실 대성당의 벽화는 〈금성력〉15세기 말의 판화를 본떠 이탈리아 프레스코화에 등장했던 탄탈로스의 형벌 대신 불결한 음식을 먹는 벌을 묘사하고 있다. 구운 닭고기 대신 흉측한 두꺼비 같은 불결한 음식이 한가득 차려져 있는 식탁에 둘러앉은 대식가들에게 악마는 더러운 음식들을 먹으라고 강요한다. 네덜란드 화가 히에로니무스 보슈가 그린 〈칠죄종〉이라는 작품에도 비슷한 형벌이 등장한다. 식탁에 둘러앉은 대식가는 심지어 살아 있는 두꺼비와 뱀, 도마뱀을 먹어야 하며, 지렁이 역시 그중 하나였다. 어둡고 축축한 곳에 숨어 사는 혐오스러운 동물 두꺼비는 가장 흉측한 피조물로 여겨졌는데, 탁발수도회는 13세기부터 신도들이 탐식을 멀리하게끔 교화하기 위해 일부러 두꺼비를 소재로 선택했다. 두꺼비는 탐식의 죄를 상징하는 동시에 죄인이 받는 벌의 방식을 상징한다. 절식을 강조한 설교자들의 이야기 중에는 두꺼비가 등장하는 이야기가 있는데, 살이 잘 오른 암탉을 잡으려고 하자 그 배 속에서 두꺼비가 뛰어나와 식탐이 많은 대식가를 물어뜯는다는 것이 그것이다. 단테의《신곡》1307?~1321에서 죄인들은 악마의 입에 의해 물어뜯기거나 연기가 피어오르는 솥에 넣어졌으며, 발톱이 날카롭고 흉포한 주둥이가 세 개 달린 거대한 괴물 케르베로스에게 던져지기도 한다.

〈최후의 심판〉 (세부)
프라 안젤리코, 1431년경, 산 마르코 미술관, 피렌체

〈칠죄종–탐식의 죄〉 (세부)
히에로니무스 보슈, 15세기 말, 프라도 미술관, 마드리드

나쁜 부자와 가난한 나사로의 우화를 그린 프랑스의 채색삽화
13세기. 대영도서관, 런던
어떤 부자가 있었는데, 그는 자주색 옷과 고운 아마포 옷을 입고 날마다 즐겁고
호화롭게 살았다. 그의 집 대문 앞에는 나사로라는 가난한 이가 종기투성이 몸으로
누워 있었다. 그는 부자의 식탁에서 떨어지는 것으로 배를 채우기를 간절히 바랐다.

부유한 권력자의 죄:

당시 그려진 지옥도는 신도들에게 탐식이라는 죄의 내용이 무엇인지, 그리고 어떤 결과를 초래하는지 교육시키기에 충분할 정도로 끔찍했다. 신도들은 그림을 통해 자신의 죄를 두 눈으로 확인하고 그 이름을 대며 더 효과적인 고해성사를 했을 것이다. 역사학자들에게 이 그림들은 그 당시 탐식의 정확한 정의가 무엇인지 알려주는 역할을 한다. 중세 회화에서 대식가는 성별의 구분없이 동등하게 그려진다. 누구나 탐식의 죄를 범할 수 있기 때문이다. 반면 특정한 사회계층을 묘사하는 경우는 종종 있는데 뚱뚱한 수도사나 용병 혹은 추기경 등이 그 예이다.

　　타데오 디 바르톨로는 산 지미냐노 성당에 수도사와 용병을 우스꽝스럽게 표현했으며, 조반니 다 모데나는 볼로냐 대성당에 식탐을 참지 못해 구운 닭고기를 향해 달려가다 악마의 뿔에 한쪽 눈을 찔린 추기경을 그렸다. 단테의 《신곡》에서는 귀족, 조신, 부르주아, 추기경, 심지어 교황 마르티누스 4세까지 "베르나챠의 포도주에 볼세나의 뱀장어를 담가 먹은 죄로 단식의 벌"을 받는 인물로 등장했다.^{연옥, 24편, 23~24} 부유한 권력자의 죄로 묘사된 탐식은 훨씬 더 중대한 두 가지의 죄와 위험할 정도로 가까운데, 과시를 위해 지나칠 정도로 호화스럽게 차려 먹는 이들이 저지르는 '오만'과 나쁜 부자와 가난한 나사로의 이야기^{누가복음 16장 19~31절}에 등장하는 '인색'이 바로 그것이다.

　　음식을 향해 게걸스럽게 달려드는 대식가들의 모습은 부富를 향해 탐욕스럽게 달려드는 수전노의 모습을 떠오르게 한다. 이들 대식가와 수전노는 기독교에서 강조하는 자비와 나눔의 정신에 먹칠을 하며 예수의 뜻에 반하는 과오를 범한다. 중세 후기의 저자들은 대식가들이 탐식과 폭음을 일삼아 가난한 자들이동냥을 얻지 못해 받는 피해에 주목했다. 13세기에 도미니크회 설교사인 에티엔 드 부르봉은 "대식가 한 명이 하루에 쓰는 돈으로 수많은 사람이 배불리 먹을 수 있다"고 비난했으며,용맹왕 필리프 3세 프랑스 국왕의 고해신부였던 로랑스 수사는 대식가를 가리켜 "가난한 사람 백 명이 포식할 수 있는 양을 제 입에만 털어 넣기 위해 재산을 탕진하는 이들"이라고 언급했다《미덕과 악덕의 책》, 1279 15세기 말, 아르투아의 성직자 엘로이 다메르발 역시 "대식가들은 나사로의 이야기에 나오는 나쁜 부자처럼 살아간다"라고 유감을 표했다. 중세 말기에는 구원의 경륜(徑輪, 성경에 나오는 구원의 계획—옮긴이)에 있어 돈을 대하는 태도에 점점 더 민감해졌으며, 대식가가 다른 이들이 땀 흘려 일구어낸 결과물을 낭비함으로써 노동의 가치마저 손상을 입게 되었다.

절식을 권하는 사회:

《군주의 귀감》이라는 책에서는 왕족과 귀족에게 탐식에 빠지는 일을 경계하라고 당부한다. 육욕의 상징이기도 한 식탐은 폭군의 속성 중 하나로 자리 잡았다. 이를 잘 보여주는 예로는 보카치오가 묘사한 사르다나팔루스 왕《데 카시부스》, 1355~1360이나 고위 성직자 피에르 다이의 시 〈폭군의 삶은 얼마나 비참한가〉가 있다. 제르베 뒤 뷔스가 쓴 14세기 초의 프랑스 시 〈포벨 이야기〉에서 악덕의 전형으로 묘사되는 주인공 포벨이 이름은 7대 죄악의 머리글자를 뜻한다은 '취기' '대식' '모욕'이 마련한 혼례 잔치에서 '덧없는 영광'과 인연을 맺는다. 초대된 손님들은 '자연에 반하는 죄를 지은' 튀김, '욕망의 죄에 담근' 당과糖菓 같은 끔찍한 음식을 배불리 먹고 혼례는 점점 통음난무痛飮亂舞로 변해간다. 폭군의 지칠 줄 모르는 식욕은 그의 이기심, 비이성적인 사고, 탐욕뿐 아니라 권력과 육체적 쾌락, 물질적 부에 대한 끝없는 갈증을 보여준다. 폭군이 저지르는 탐식의 죄로 왕궁은 악덕으로 가득한 곳이 된다. 아첨과 성욕, 비방, 배신이 폭군의 마음을 차지하기 위해 서로 다투니 군주의 운명이 불행할 것임은 불 보듯 뻔한 일이다. 감각의 포로가 되어 경멸받아 마땅한 폭군, 사도 바울의 표현을 빌리자면 "자기네 배를 하느님으로 삼는" 그는 예수의 적이요, 탐식은 폭군의 낙인이다.

　　그러나 식당은 피할 수 없는 타락의 공간이 아니라 교화와 완성을 위한 공간이 될 수도 있다. 교회 식당에 걸기 위해 그려진 작품 〈그리스도의 만찬〉이 지닌 본래 의미야말로 '식당은 교화와 완성을 위한 장'이 아니겠는가? 기독교의 성인들은 전통적으로 절식節食의 미덕을 강조한다. 성 루이St. Louis야말로 절식의 미덕을 온몸으로 실천한 장본인이다. 성인聖人이 될 자격이 충분한 그의 삶을 들여다보면, 성 루이는 소박하고 절제된 식사를 자신에게 강요하다 못해 속세의 규칙을 넘어서서 탁발수도사들의 식사에 가까운 식사를 추구했다. 그러나 왕궁의 대연회에서는 자신의 지위와 의무를 고려했고 건강에 혹시나 문제가 생길까 봐 걱정했다.

　　그는 검소하여 포도주에 물을 잔뜩 탔고, 절제를 알기에 고기 양념과 강한 맛의 포타주에 물을 타 무미건조하게 만들어 먹었다. 그가 무척 좋아하는 음식이자 권력자의 음식이라 불리는 송어 요리도 사양했을 뿐 아니라 구걸하는 이들에게 적선했다. 대신 왕이라는 지위에 걸맞지 않은 비루한 음식, 완두콩이나 입맛에 맞지 않는 사순절 맥주 같은 것만 먹었다. 성 루이는 또한 탐식과 떼놓을 수 없는 '혀의 죄', 다시 말해 신성모독적인 비방이나 욕설처럼 말할 때 저지르는 죄를 경계했으며 식사 중에는 교훈적인 대화를 하도록 권고했고, 절도와 절제와 같은 신중함과 단정한 품행을 중시했다. 성 루이의 동시대인으로 카스티야의 국왕이었던 현명왕 알폰소 10세 또한 주변 사람에게 음식과 술을 절제하라 일러 이를 법제화했고《칠부전서》 포르투갈의 돈 두아르테 1세1391~1438도 논설에서 탐식의 폐해에 대한 언급을 잊지 않았다.《충실한 조언》

구원의 경륜에서 식사의 자발적인 절제는 여전히 높이 평가되는 행위였다. 그 때문에 13세기의 산문《성배의 탐색》에서 은둔자는 원탁의 기사 중 한 명인 란슬롯에게 고기와 포도주를 끊으라고 말한다. 아서왕 이야기에서 빵과 고기, 포도주가 지체 높은 기사들의 식사와 긴밀하게 연결되어 있다면, 빵과 물 그리고 경우에 따라 채소를 곁들인 간소한 식사는 은둔자의 금욕을 의미한다. 신비주의자인 시에나의 카타리나14세기의 예처럼 중세인들은 먹기를 거부하는 행위를 신성에 이르는 방법으로 여겼다. 그러나 교회가 과연 신성을 위한 금식 행위를 모든 신도에게 강요할 수 있었을까? 엄격한 신학자 장 드 제르송은, 탐식보다 더 중대한 죄를 지을 수 있으니 과도한 금식을 경계하라고 말했다.

더 중대한 죄란 첫째로 지친 몸이 과민해지면서 생겨나는 분노이며, 둘째로 자신에게 비상식적인 행동을 가하는 오만이다. 그러나 신학자 토마스 아퀴나스가 말하는 바와 마찬가지로 도덕론자와 교육학자들은 절제의 개념을 강조했다. 신체활동에 필요한 음식을 먹지 않는 사람은 너무 많이 먹는 사람과 마찬가지로 죄를 저지르게 된다.《신학대전》1271~1272의 저자 토마스 아퀴나스는 먹고 마시고 싶은 욕망이나 미각의 쾌락을 비난하지 않았다. 이는 자연스러우며 신이 바라신 것이기에 전혀 나쁘지 않다고 언급했으나, 인간을 한낱 금수로 만들어버리는 도를 벗어난 식탐은 역시 지탄했다. 지각 있는 식욕이란 결국 절제와 균형 그리고 사회 예법을 준수하는 것을 말한다. 그리고 여기에서 말한 사회 예법이란 인체의 생리적 욕구를 충족하면서 초대한 손님에 대한 예의를 갖추고 사람들 사이에 필수적인 교류를 말한다.

도덕론자와 교육학자가 말하는 탐식:

세속에서 사회적 지위는 먹는 음식의 질로 나타나고, 음식을 먹을 때 느끼는 기쁨은 자연스러운 것이며, 인간사회에는 식사를 함께하는 사교 활동이 필요하다는 사실을 교회가 인정하게 되면서 탐식의 죄라는 개념을 세속에도 적용해야 할 필요성을 느끼게 되었다. 당시 좋은 예절에는 좋은 풍습이 따르기 마련이라는 생각이 일반적이었기에, 세속에서는 식사 예절의 체계화라는 방법을 통해 탐식이라는 악덕에 맞서 싸우고자 했다. 이는 곧 인간의 식욕을 문명화하여 사람들이 식탐으로 말미암아 짐승처럼 행동하는 것을 막고, 탐식과 지나친 수다, 성욕이 서로 가까워지는 일을 방지하려는 의지의 표현이었다. 도덕론자, 교육학자, 성직자들은 폭음과 탐식으로 얼룩진 불쾌한 광경을 금지함으로써 음식을 먹는 데서 오는 쾌락을 조절하려고 노력했다.

이에 따라 12세기에 시작된 도덕론자들의 공격은 먹은 음식의 양이나 질보다는 식탁에서 손님들이 취하는 태도에 초점을 맞추게 되었다. 중세 수사본을 장식한 대부분의 식사 장면을 질서와 청결함이 지배하고 있는 것도 같은 맥락이다. 큰 조각을 통째로 집어삼키면 게걸스럽다 하고, 식사 전에 빵을 먹으면 참을성이 없다 하며, 제일 맛있는 부분을 독차지하면 가정교육을 제대로 받지 못했다고 한다. 아라곤 왕 알폰소 1세의 의사이자 학자인 피에르 알퐁스의 저서 《기술의 규범》[12세기 초]은 아버지가 아들에게 하는 일련의 충고 형식으로 구성했으며, 주제는 식사 예절이었다. 이 책은 이베리아 반도의 지중해 연안에서 스칸디나비아 반도에 이르기까지 유럽 전역에서 크게 인기를 끌기도 했다. 13세기부터는 식사 예절 개론서 대부분이 각 나라 언어로 쓰였으며, 성직자와 공증인, 판사, 교육학자, 심지어 의사에 의해 쓰인 에티켓 관련 서적은 특히 이탈리아의 북부와 중부 도시에서 쏟아져 나왔다. 밀라노의 본보이신 드 라 리바가 쓴《50가지 식사 예절》도 그 중 하나이다. 204행에서는 식탁에서 위생과 예의범절, 절제를 지키는 법을 이야기하는데 이는 식사를 함께하는 이들의 사회적 지위를 존중하고, 짐승 같고 천박하며 세련되지 못한 행동으로 이들의 기분을 상하게 하는 일을 방지하기 위해서라고 적혀 있다.

"열 번째 예절: 목이 마르면 먼저 먹고 있던 걸 삼키고 입을 잘 닦은 후에 마셔라. 상대의 컵이 비기도 전에 게걸스레 마셔버리는 대식가는 함께 마시는 사람의 기분을 상하게 한다.
열여섯 번째 예절: 숟가락으로 먹을 때 소리 내어 홀짝거리며 먹지 마라. 시끄러운 소리를 내며 먹는 사람은 사료를 먹어치우는 가축과 다를 바 없다."

《윌리엄의 가르침》13세기을 쓴 베로나의 저자는 배부르게 먹은 적이 한 번도 없는 사람처럼 많이 먹는 것은 사회적으로 몰상식한 행동이라고 강조한다. 그런 행동은 굶주린 가난뱅이의 행동이지 권력자의 행동은 아니기 때문이다. 좋지 않은 식사 태도를 정리해놓은 서적은 유럽 전체에서 크게 유행했으며, 이러한 교육적인 가르침은 아서왕 이야기나 중세 말기의

로맨스 소설에까지 등장했다. 독일의 토마진 폰 체어클레레가 쓴 《외국 손님》1215~1216은 젊은 귀족들이 지켜야 할 식사 예절을 가르친다. 예를 들어 손가락은 음식에만 대야 하고, 첫 번째 요리가 나오기 전에 빵을 먹으면 안 되며, 음료를 마실 때 주변을 둘러보면 안 되고, 옆 사람이 고른 걸 먹으려고 음식에 달려들어서도 안 된다. 영국에서 1475년에 출간된 《바비의 책》은 귀족 가문의 아이들에게 식사 자리에서 코나 이, 손톱 등을 소제掃除하지 말 것을 당부하고 있다. 프랑스에서는 도미니크회의 뱅상 드 보베 수도사13세기가 성 루이의 아들들을 위해 쓴 개론서 《귀족 자제를 위한 가르침》에서 왕자들이 식사 자리에서 하면 안 되는 태도를 다음과 같이 강조했다.

> "접시를 비우고 싶어 안달 난 몇몇은 기름과 즙을 흘리며 큰 조각을 들고 다니다가 함께 식사하는 이들과 부딪혀 피해를 준다. 이들은 이 접시 저 접시를 뒤적거리다가 빵 껍질만 남기고 접시를 되돌려 놓는다. 또 어떤 이들은 숟가락으로 떠먹듯 채소를 손으로 집어먹은 뒤에 손가락까지 빨아먹는다."

독일 사회학자 노르베르트 엘리아스1897~1990의 권위 있는 분석에서 사용된 표현을 빌리자면 12세기에 시작된 '풍속의 문명화 과정'은 초기에는 상류층에서만 진행되다가 점차 서양세계 전체로 천천히 퍼져 나갔다. 에라스뮈스의 유명한 저서 《소년들의 예절론》에서는 수도 규율, 예절론, 군주가 본보기로 삼아야 할 예, 그리고 중세의 젊은이들을 위한 조언을 담고 있다. 이처럼 고전예법은 최초의 규범화를 통해 그 토대를 닦고 있으며, '탐식=나쁜 교육'이라는 방정식은 오랜 생명을 약속받게 된다.

〈악덕의 행렬〉에서 돼지를 탄 대식가
벽화, 1510년, 생 세바스티앙 예배당, 스트라스부르

건강을 해치는 탐식:

음식에 대한 도를 넘은 열정은 단지 사회의 올바른 질서와 죄인의 구원에만 연관되는 것이 아니라 신체 건강에도 심각한 해를 가져온다. 교회에서도 바로 이 점에 관심을 뒀으며, 이를 바탕으로 속세인을 탐식의 죄로부터 떨어뜨려 놓고자 했다. 교회는 13세기부터 탐식이 유발할 수 있는 건강 문제를 강조했다. 제대로 된 고해 신부라면 회개자들이 고통 받을 수 있는, 탐식으로 말미암은 신체적 질환을 염려해야 하지 않겠는가? 성 루이의 자제들의 고해 신부였던 로랑스 수사는 "절제해서 먹고 마셔서 건강을 유지하는 일은 무척 중요하다. 탐식과 폭음을 일삼아 제 수명을 채우지 못하고 병 들어 죽는 사람이 많다."라고 적었다.

성직자들은 탐식과 폭음에 관련된 질환 목록을 바탕으로 탐식에 대한 자신의 규탄을 더욱더 지지했다. 죽음의 그림자가 바로 찾아오지 않는다 해도, 대식가들은 고열, 무기력, 졸음, 몽롱함, 구역질, 구토와 기타 소화 문제뿐만 아니라 간질, 마비, 수종에 걸리며 심지어 뚱뚱한 여성은 불임이 된다고 위협받았다. 도미니크회의 이탈리아 수도사 조반니 데 산 지미나노는 이렇게 적었다. "육체가 너무 뚱뚱하고 기름지면 실제로 건강이 좋지 않으며 중병에 걸릴 위험이 크다. 왜냐하면 몸 안이 열로 꽉 막히기 때문이다."14세기 초 탐식이라는 가장 끔찍한 죄가 자신의 육체에 대한 범죄라면 어떨까? 아마도 신도들에게 이 같은 논리는 수도원의 이상인 금식을 통한 영혼의 고양보다 훨씬 설득력 있게 들렸을 것이다.

의사들이 주장한 영양학적 견해는 무엇일까? 균형과 절제를 중시한 중세의 영양학은 개인의 사회적 지위에 걸맞은 음식이 변하지 않는다는 논리에 근거한다. 따라서 이러한 영양학적 견해와 교회의 주장은 부정할 수

〈칠죄종을 짊어진 남자〉
아브라함 보스, 1628년경, 프랑스 국립도서관, 파리

없는 공통점을 지닐 수밖에 없었는데, 건강을 유지하려면 적당히 먹어야
하며, 전에 먹은 음식의 소화가 완전히 끝난 뒤에야 새로운 음식을 먹어 소
화불량을 피해야 한다는 것이다. '적당한' 정도는 환자의 나이와 성별, 체
질과 기질뿐 아니라 직업, 생활방식, 사회적 지위에 따라 달라졌다. 중세
의 의학적 견해는 탐식과 불규칙적인 식사에 매우 적대적이었다. 장 드 톨
레도는《건강을 유지하려면》에서 "칼보다 탐식이 사람을 죽인다"라고 경고
했다. 그러나 중세의 의학은 미각적 쾌락에 전혀 부정적이지 않았다. 오히

려 미각적 만족은 병자들과 임산부, 담즙질의 사람들이 음식을 먹고 소화를 잘하게 돕는다고 했다. 또한 아느로 드 빌뇌브나 마이노 데 마이네리 같은 의사들은 양념의 문제를 《건강 식이요법》에서 거론하는데 이는 환자식을 더 맛있게 만들고 식욕 감퇴를 막기 위한 것이었다. 이탈리아 의사 마이노 데 마이네리의 《건강 식이요법》 중 소스를 다룬 장인 〈맛을 살리기 위한 약간의 수고〉만 따로 전해질 정도였다. 건강한 사람들은 입맛대로만 먹으면 기질에 맞는 음식을 자연스럽게 고를 수 있기 때문에 건강을 유지할 수 있다는 것이다. 13세기의 의사 알도브란디노 다 시에나는 "육체가 건강하면, 입에 맛있는 음식은 몸에도 좋다"라고 적었다. 이 같은 견해는 이미 12세기의 아랍 의학개론인 《타퀴눔 사니타티스 인 메디시남》에서 선보인 바 있으며, 이 책은 라틴어와 로망스어로 번역되어 서양의 영양학에 지대한 영향을 미쳤다. 입에 좋은 음식은 건강에도 나쁘지 않으므로 식욕은 건강한 식생활을 보장한다는 것이다.

　　중세 의학은 단 과자류에 굉장히 호의적이기도 했다. 약제사가 판매한 설탕은 17세기까지만 해도 치료의 영역에 속한 식품으로 분류되었다. 음식의 소화를 돕는다고 알려졌던 설탕은 고기나 생선, 샐러드의 소스 재료로 들어갔으며, 중세 말과 르네상스 귀족 요리의 특징이라 할 수 있는 새콤달콤한 맛을 탄생시켰다. 그뿐만 아니라 상류층 식사의 마지막에는 설탕이 가미된 달콤한 과자나 당과류의 음식, 향을 가한 과일 설탕 조림 등이 등장했다. 과일 설탕 조림을 식사의 마지막에 먹으면 배 속이 정리되어 소화가 잘 된다고 알려졌기 때문이다. 저명한 의학자이자 천문학자 노스트라다무스는 중세의 약제학서와 약품명단서의 계보를 잇는 저서 《훌륭하고 가장 유용한 연구》[1555]에서 과일 설탕 조림의 제조법을 밝히며, 과일 설탕 조림이 지닌 치료 효과와 아름다움의 비밀을 강조하는 동시에 맛이 좋다고 언급하는 일도 잊지 않았다. 르네상스 궁중의사인 노스트라다무스에게 서양 모과는 과일 설탕 조림을 "가장 맛있게 만드는 과일이며, 이렇게 만든 서양 모과 조림은 강장제와 수렴제라는 두 가지 용도로 사용된다." 이탈리아에서 마사와이라는 필명으로 출간된 《안티도타리움》은 아랍 의학의 영향을 받은 책으로, 이미 4세기 전부터 환자들에게 맛있는 약을 주기를 권했다고 언급한다. 얼리거나 으깨어 놓은 달콤한 서양 모과 페이스트 이외에도 아니스향, 정향, 사향 등을 첨가한 설탕 과자와 꿀 과자를 맛있는 약으로 지칭했으며, 과일 설탕 조림 조리법도 공개했다. 이러한 의학적 견해는 고대 그리스 의학자 갈레노스131?~201?가 주장한 "입에 불쾌한 것은 위를 뒤집어놓을 수밖에 없다"는 전통적 의견을 바탕으로 한 것이기도 하다.

〈게으름뱅이의 천국〉
피테르 브뤼헬, 1567, 알테 피나코테크, 뮌헨

2

중세의 유토피아,
코케뉴

"오라, 걱정 없는 사람과 친구여 / 일에 진력이 난 당신들은 / 기름지고 맛있는 음식을 사랑하고 / 궁핍과 빈곤을 혐오하지 / 마음이 넓고 게으르지 않은 사람이여 / 구두쇠들은 당신을 곧잘 그렇게 부르지 / 모두들 오라, 코케뉴로 가자 / 잠을 잘수록 더 많이 얻는 나라로."

《코케뉴로 가는 편안한 여정》, 1588

중세의 유토피아,
코케뉴

햇살이 따사로운 어느 날 잔뜩 배가 부른, 뚱뚱한 대식가 셋이 흐트러진 차림새로 나무 아래 그늘에서 편안하게 잠을 자고 있다. 네 번째 대식가는 타르트로 뒤덮인 차양 아래 앉아 타르트가 떨어지길 기다린다. 다리가 달린 반숙된 달걀이 대식가 세 명에게 먹히기 위해 몸을 뒤뚱거리며 다가간다. 구운 돼지가 갈비와 햄을 제 몸에서 꺼내, 맛보고 싶은 이들에게 나눠준다. 석쇠로 구워진 새는 은접시에 누워 목을 자르려는 이에게 제 목을 맡긴다. 작은 관목은 서양 전병인 갈레트로 만들어졌고 다른 나무에는 꿀단지가 달려 있다. 저 멀리 젖이 흐르는 호수와 크레이프로 만든 산이 보인다. 입을 벌린 남자 넷은 쉬면서 음식이 오기를 기다린다. 이 기이한 나라에서는 땀 흘려 일해서 음식을 얻는 것이 아니다. 오히려 자연이 인간에게 음식을 제공하러 직접 움직인다. 하늘에서 떨어지는 음식을 줍기 위해 허리를 굽힐 필요조차 없다. 피테르 브뢰헬이 1567년에 그린 〈게으름뱅이의 천국〉에서 '코케뉴'를 움직이는 것은 인간이 아니라 음식과 조리도구들이다.

축제행렬처럼 돼지가 커다랗게 원을 돌기 시작하면 성직자의 허리띠와 외투, 농민의 도리깨와 안장, 기사의 창, 그리고 소시지 울타리가 돼지를 따라 둥글게 돈다. 이들을 따라 둥근 쟁반을 매단 나무도 돌기 시작하는데 이 모습은 마치 해시계를 연상시키며 시간에 상관없이 언제든 먹자고 유혹하는 듯하다. 먹는 걸 즐기는 이 나라는 아무도 소외시키지 않는 포용의 나라이다. 도리깨를 든 농민, 책을 든 성직자, 창을 든 기사는 앙시앵 레짐(프랑스 혁명 이전의 사회체제-옮긴이)의 전통적인 세 가지 사회계급을 상징한다. 브뢰헬의 코케뉴는 반사회적인 이상향을 보여준다. 누구나 평등하게 맛있는 음식을 즐길 수 있으며 풍요롭고 자애로운 자연에게 보호받는 이 나라에서는 모두가 평온하게 나태와 탐식에 몸을 맡긴다. 영양학자나 도덕론자, 종교인 들의 반대에 맞서 싸울 필요도 없다. 바로 여기서 이브 로베르 감독이 〈세상에서 가장 행복한 사나이〉1967의 원형을 찾았다는 것은 의심할 여지가 없다. 코케뉴에 대한 최초의 문학적 묘사는 게으름에게 바치는 찬가로 시작되지 않던가? 즉 "코케뉴에서는 / 많이 잘수록 많이 얻는"프랑스, 13세기 것이다.

중세의 유토피아 :

코케뉴 이야기는 중세 말과 르네상스 시기 서양에 널리 퍼진 우화로 특히 이탈리아 북부와 게르만, 플랑드르 지방에서 더 높은 인기를 얻었다. 코케뉴라는 단어는 '풍요의 땅'이라는 어감을 주는데, 이 단어는 12세기 카르미나 부라나의 시편 254개 중 222번, 라틴어로 된 시편 〈코케뉴의 수도원장〉에서 처음으로 문헌에 등장한다. 한 세기가 지나서야 코케뉴에 대해 유럽어로 쓴 문학 작품이 등장한다. 13세기 중반에 쓰인 〈코케뉴 이야기〉는 188행 중 156행을 이 경이로운 나라를 상세하게 묘사하는 데에 할애했으며 '이상향'의 주요한 특징을 전부 망라했다. 코케뉴라는 이상향, 그리고 중세적 경이로움이 그대로 반영된 것이 '엘도라도'이다.

신세계 정복을 다룬 이야기에 등장하는 중세적 상상력은 코케뉴 우화의 인기를 끌어올렸으며, 기근의 시대에 식량 공급은 생사가 걸린 문제였기에 인기는 더 높아졌다. 덕분에 코케뉴 우화는 16세기에 중세문학이나 회화의 주제로 전성기를 누리다가 17세기 후반이 되자 인기가 줄어들었다. 역사학자 장 들뤼모는 코케뉴를 다룬 16~17세기의 문학과 회화 작품을 프랑스에서 12본, 독일에서 22본, 이탈리아에서 33본, 브뢰헬의 고향인 플랑드르에서 40본 찾아냈다.

역사학자 자크 르 고프에 따르면 '하나뿐인 진정한 이상향'인 코케뉴는 중세에 만들어졌지만, 그 이미지는 성경과 고대신화에서 영감을 얻은 오래된 것이라 할 수 있다. 젖과 꿀이 넘쳐흐르는 가나안 땅, 신이 유대민족에게 내린 약속의 땅 이외에도 성경에서 가장 많이 참조한 부분은 바로 에덴동산이다. 지상낙원에 있는 것처럼 코케뉴의 인간은 먹을 것을 어떻게 구할지 걱정할 필요가 없으며 역시 배고픔 자체도 낯선 개념이다. 더군다나 음식을 얻기 위해 일할 필요는 더욱 없다.

강과 샘, 나무와 정원, 풍요롭고 평온한 자연이라는 지형적 특징 또한 동일하다. 그러나 풍요로운 땅 코케뉴는 신도들이 생각하는 지상낙원에 가까울지는 모르겠지만 성경에서 언급하는, 혹은 신학자들이 말하는 지상낙원은 아니다. 창세기 편에서 말하는 바를 살펴보자. "이렇게 땅이 온갖 채소와 씨 맺는 식물과 열매 맺는 과일 나무들을 그 종류대로 내니"

창세기 1장 12절 코케뉴에서는 나무에 다양한 음식이 잔뜩 매달려 있어 가지가 휘어졌고, 케이크와 치즈가 땅에서 바로 난다. 음식은 차고 넘치며, 사람들은 고기를 먹고 포도주를 마신다. 처음으로 포도를 재배한 인간이자 술에 만취하는 '취기醉氣의 죄'를 저지른 인간인 노아 이전에 포도주가 알려지지 않았듯이, 신은 대홍수 이후에야 노아에게 육식을 허락했다는 사실을 주목하자. 육식의 허용은 파면당하는 인간의 운명에 관련된 셈이다.

반反낙원인 코케뉴는 원죄의 결과를 뒤집어서 보여준다. 맛좋은 열매가 주렁주렁 매달린 검은딸기나무와 맛있는 케이크가 자라나는 풀밭의 모습은 다음의 무시무시한 문장을 전복시키고 있다는 사실을 알아야 한다. "그러고서 하나님은 아담에게 말씀하셨다. 네가 네 아내의 말을 듣고 내가 먹지 말라고 한 과일을 먹었으니 땅은 너 때문에 저주를 받고 너는 평생 동안 수고하며 땅의 생산물을 먹게 될 것이다. 땅은 너에게 가시와 엉겅퀴를 낼 것이며 너는 들의 채소를 먹어야 할 것이다." 창세기 3장, 17~18절

코케뉴라는 이상향은 또한 그 뿌리를 그리스 로마 신화에 두고 있다. 제우스가 유모인 산양신의 뿔을 잘라 만든, 자비로운 자연의 음식을 뭐든 나오게 하는 풍요의 뿔과 코케뉴는 많이 닮지 않았는가. 그리스 신화에 등장하는 황금시대 역시 전쟁과 질병, 고통, 노동이 없으며 인간이 신처럼 살았던 시대, 풍요롭고 자비로운 자연에서 음식이 절로 나왔던 이상향이다. 젊음의 샘 신화나 루키아노스의 《진실한 이야기》2세기에서 묘사된 보물섬에서의 나날에서 차용한 이미지도 주목할 만하다.

크라테스의 《짐승들》, 텔레클리데스의 《암픽티온》, 페레크라테스의 《페르시아》와 같은 기원전 5세기 그리스 희곡의 독백과 대화에서는 중세와 르네상스의 코케뉴 부럽지 않은 나라가 언급된다. 종달새가 익은 채로

사람들의 입에 떨어지고, 수프의 강이 고기조각을 실어 나르며 물고기들이 스스로 집에 와서 제 몸을 튀겨 사람들에게 내놓는다. 아이기나의 갈레트와 구운 새끼염소 창자가 나무에서 떨어진다. 코케뉴에는 평화와 자유, 풍부하고 다양한 음식, 영원한 젊음과 축제가 가득하다. 모두가 하나같이 세속적인 행복의 조건이다.

사시사철 넘치는 음식:

우화시, 시, 소극, 그림, 판화 심지어는 패러디 삽화에서도 코케뉴의 풍경을 음미할 수 있다. 저 멀리 닿기 어려운 상상의 나라 코케뉴는 보통 서쪽 어딘가에 있는 섬으로 알려져 있다. 때로는 다음과 같이 희극적인 방법으로만 위치가 묘사된다. 시인 한스 사슈의 독일판 코케뉴 '쉴라라펜라트'는 노엘에서 3리그12km, 보카치오가 언급한 '벤고디'는 피렌체에서 여러 마일, 플랑드르의 '루이레케르란트'1546는 며칠 밤 동안 걸어서 3마일을 가야 한다. 한참 배를 탄 뒤, 먹을 수 있는 산을 지난 후에야 닿을 수 있으며 중간에 그만두면 다시는 길을 찾을 수 없다.

코케뉴에서는 삶은 고기와 토르텔리니 파스타, 치즈가 산더미처럼 쌓여 먹음직스러운 산을 만들고 있다. 강과 하천, 바다와 호수에 포도주와 우유가 흐르며 샘과 우물에는 물이 아니라 말보이시 포도주와 꿀물이 솟아난다. 풀밭에서 비스킷이 자라나고 검은딸기나무에는 탐스러운 열매가 나며 경이로운 나무는 사시사철 잘 익은 과일이나 과일 설탕 조림, 작은 빵, 달콤한 케이크나 파이, 구운 자고새나 칠면조 고기를 제공한다. 끊임없이 쏟아져 나오는 음식이 대식가들을 기다리고, 냄비는 쉴 새 없이 음식을 끓여낸다. 먹힐 준비가 된 네발짐승과 새, 파이와 반숙된 달걀은 대식가들

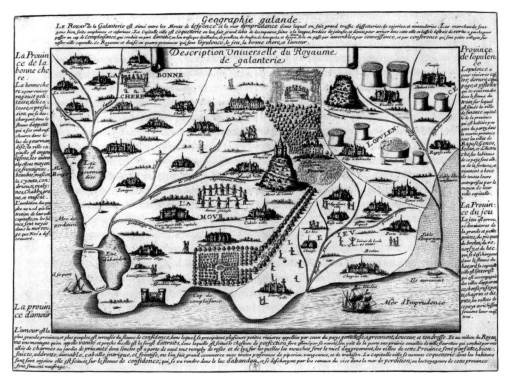

'우아한 왕국'의 전체 묘사
1650년경, 프랑스 국립도서관, 파리

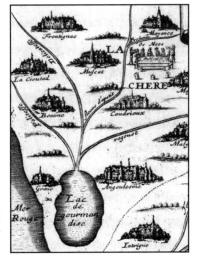

맛있는 음식의 왕국. 맛있는 음식이
강이 되어 흐른다. 매력과 예의, 섬세함과
풍요로움이 식욕의 강에 흘러넘친다.

앞으로 다가오고 속을 채운 어린 비둘기와 구운 종달새는 이미 익은 채로 지나가는 사람의 입에 떨어지며, 등에 칼이 박힌 채로 무사태평하게 거니는 돼지는 맛있는 돼지갈비를 맛보고 싶은 이에게 기꺼이 제 몸을 내놓는다. 강에는 백 가지 방법으로 끓이고, 굽고, 요리한 생선이 있다. 울타리와 담장뿐 아니라 포도나무를 버팀목에 고정하는 사슬, 심지어는 개의 목줄과 당나귀 고삐까지 줄줄이 소시지나 굵은 소시지로 만들어졌다.

타르트, 투르트(파이처럼 생긴 둥근 빵─옮긴이), 웨하스가 집을 덮고 그 벽은 과자와 고기 혹은 농어나 철갑상어, 연어, 청어 같은 신선한 생선으로 만들어졌다. 마크앙투안 르그랑의 3막 희극[17][18]에서 코케뉴의 선한 왕이 사는 곳은 헨젤과 그레텔 이야기에 나오는 과자집처럼 설탕으로 지어졌고 기둥은 보리설탕, 장식은 과일 설탕 조림으로 만들어졌다. 지하실에는 설탕과 아몬드 과자를 캐내는 광산이 있어 지하실마저 맛있다.

코케뉴에는 향기롭고 부드러운 산들바람이 불어 기분 좋은 봄과 여름이 영원히 계속된다. 플랑드르판 코케뉴 '코카엔겐'은 항상 5월인 양 날씨가 좋지 않은가. 혹시나 악천후 때문에 이 유쾌한 나라의 평온이 깨진다고 해도 전혀 걱정할 필요가 없다. 비는 따뜻한 타르트와 플랑으로, 태풍은 당과와 과일 설탕 조림으로, 눈은 설탕으로 되어 있을 테니 말이다.

지역에 따른 독특한 맛:

코케뉴 우화가 기본적으로 유럽을 배경으로 해서 유럽적인 데다《코케뉴 이야기》이후 내용이 대부분 변하지 않았긴 해도, 각 우화에는 지역의 특색에 따라 독특한 맛이 나타난다. 게다가 13세기에서 17세기 사이 미각의 변화 양상 역시 드러난다. 중세시대의 귀족 요리와 이상향에 족적을 남긴 향신료들의 향은 영국의 《코케뉴의 땅》14세기 중반에 기록될 정도였다. 그냥 보기에도 너무나 아름다운 나무의 뿌리는 생강과 방동사니로 되어 있고 새싹은 심황, 꽃은 육두구이며 열매는 정향, 껍질은 계피로 되어 있다. 이어 다음 시를 보면 스페인판 풍요의 나라는 이슬람 세계에서 상상하는 화려한 낙원에서 영향을 받았다는 것이 느껴진다.

"잘 준비된 종달새가 / 사람들의 입으로 떨어진다
육즙을 한껏 머금은 채로 / 정향과 계핏가루를 묻힌 채로."

프랑스판 코케뉴의 강에는 적포도주와 백포도주가 흐르는데 적포도주는 본의 포도주, 백포도주는 옥세르와 로셀, 토네르의 포도주이다. 프랑스의 우화에 강한 영향을 받은 네덜란드 시 〈이것이 고귀한 나라 코케뉴이다〉15세기에서는 포도주의 강 외에도 맥주의 강을 더하는 것을 잊지 않는다.

이탈리아의 코케뉴에는 잘게 썬 치즈로 된 산 위에 파스타를 뽑아내는 거대한 솥이 있다. 리코타 치즈는 강의 가장자리를 두르거나 둥근 소시지와 볼로냐 소시지로 장식된 벽을 하얗게 물들이고, 암소가 하루에 한 마리씩 새끼를 낳는다. 데카메론의 여덟 번째 날, 세 번째 이야기에서 보카치오는 벤고디라는 나라에 마음을 빼앗기는 순진무구한 칼란드리노를 조롱한다. 벤고디에서는 마카로니와 라비올리가 치킨 수프 속에서 익은 뒤 파마산 치즈로 된 산비탈에서 굴러 떨어진다. 그 발치에는 "물이 단 한 방울도 들어가지 않는다는 지상 최고의 백포도주" 베르나챠 강이 흐르고 있다. 16세기 모데나에서 한 익명의 저자가 묘사한 '행복한 나라'에서는 거대

아이들을 위한 코케뉴 이야기를 묘사한 석판화
슈투트가르트 W. Nitzschke 판

한 냄비에서 솟아난 '강판에 간 치즈로 이뤄진 산'이 나라 전체를 내려다본다. 마카로니로 가득한 냄비는 마카로니가 다 익으면 뱉어내는데 이는 마카로니를 산비탈에 떨어뜨리면서 치즈를 입히기 위해서이다. 1606년에 그려진 이탈리아의 지도^{밀라노 레몬디니 컬렉션}에서 마카로니를 내뿜는 냄비산은 여전히 코케뉴의 중심에 우뚝 서 있다. 냄비가 뱉어낸 다 익은 파스타도 넓은 웅덩이에 빠지는데, 이는 파스타를 소스에 적시기 위해서이며 그 후엔 어망을 든 사람들이 파스타를 건져낸다. 독일과 플랑드르판에는 존재하지 않는, 음식을 뱉어내는 화산은 이 나라의 수호자로 이탈리아의 코케뉴 왕국의 특징이며 나폴리의 사육제용 전차의 모티프로 사용되기도 한다.

기름진 음식, 모두의 로망:

coquus라는 라틴어근은 '요리'를 의미하는 독일단어 kuchen, 네덜란드단어 kook, 영어단어 cook에 어근 koch를 주었으며 프랑스어로 coque는 알의 껍데기를 의미한다. 어근이 보여주듯 코케뉴는 무엇보다도 풍요로운 음식의 나라이지만 다른 감각적 쾌락도 빼놓을 수 없는 나라이다. 그런데 16세기부터는 음식이라는 주제가 다른 주제를 억눌렀을 뿐 아니라 자리를 완전히 빼앗기까지 했다.

《이것이 고귀한 나라 코케뉴이다》에는 순종적인 예쁜 여성이 등장했지만, 다음 세기 들어 브뤼헬의 그림은 게으르고 식탐을 충족시키고자 하는 욕구를 만족시키는 것에만 주제를 한정 짓는다. 코케뉴는 풍요로움과 비옥함, 무사태평, 그리고 안락함의 동의어가 되었다. 코케뉴를 묘사하는 작품에서는 온갖 음식이 나열되는데, 이는 중세 사람들의 입에 침을 고이게 하고 맛있는 음식을 향한 환상을 키우게 했다. 코케뉴 우화는 구경

거리를 좋아하는 군중들에게 암송되었으며, 괴테가 1786년 베네치아에서 코케뉴라는 경이로운 나라를 언급하는 음유시를 들었듯이 거리의 가수에 의해 연주되었다. 그뿐만 아니라 축젯날에 장터의 간이극장에서 공연되었으며, 야회에서 읽히는 작은 책자로 인쇄되는 등 맛있는 것들로 유혹하여 청중의 관심을 끌었다.

《코케뉴로 가는 편안한 여정》1588은 "기름지고 맛있는 음식을 사랑하고, 궁핍과 빈곤을 혐오하는" 이들에게 호소한다. 탐식으로 떠나는 여행에 독자를 초대하면서 기름진 고기조각과 풍부한 음식으로 대표되는, 현실과 정반대되는 전형을 보여준다. 지방이 부족하여 형편없는 식사를 했던 서양 세계에서, 좋은 음식을 먹고 싶다는 소망은 무엇보다도 기름진 음식을 향한 갈망으로 표출되었다. 코케뉴의 땅에서 나는 푸딩은 스스로를 기름진 음식59행이라 칭한다. 기름진 음식은 부귀영화와 유복함의 상징이다.

'지방질'이라는 표현이 중세 이탈리아 도시의 상류층을, '기름진 식탁'이라는 표현이 호화롭고 만족스러운 식사를 가리켰다면, '마른 소'는 반대로 기근의 시대를 가리켰다. 잘 먹고 자란 이의 건장한 체격은 건강과 활력을 상징했으며, 어머니와 유모는 아이가 통통하게 살이 찌기를 바랐다. 코케뉴의 동물우화에서 거위는 지방에 대한 갈증을 상징한다. 지방질로 이뤄진 가금류 중에서도 양질의 지방질로 여겨지는 거위는 말 그대로 풍요로움의 상징이며 다시 한 번 구미를 돋우는 역할을 한다. 게다가 기름진 거위 고기는 냄비에 찌는 대신 불에 구워진다.

굽기는 야만족의 상류층에서 이어져 내려온 '권력자의 요리'로 지방을 낭비하는 조리 방식이다. 반면 냄비에 찌는 방식은 지방을 단 한 방울도 함부로 쓰지 않는다. 풍요로운 이상 사회의 주민들은 지방을 먹지 못할

까 봐 걱정하지 않는다. 한편, 서양 기독교에서 지방을 상징하는 돼지는 그 존재만으로 고기가 넘쳐나는 모습을 연상시키기에 충분했다. 속담에서도 말하듯이 돼지는 버릴 게 하나도 없으며 그 피까지 흑순대를 만드는 데 쓰였기 때문이다. 겨울철 돼지의 희생, '돼지잡기'는 농촌에서 신선한 고기를 배불리 먹을 수 있는 몇 안 되는 기회였고 결혼식 날짜에 맞춰 시행되기도 했다. 그 때문에 일반인들은 돼지가 지방의 상징이라는 사실을 확실히 인식하고 있었다.

곡식을 끓인 죽과 검은 빵, '풀'과 '나무뿌리'를 끓여 만든 수프, 형편없는 막포도주가 서양인 대부분의 주식이었던 데 반해, 코케뉴의 요리는 구운 고기류돼지구이, 소시지, 새고기와 달콤한 음식꿀, 타르트, 웨하스, 크레이프이 주를 이루고 여기에 양껏 곁들일 수 있는 포도주도 있다. 다양성과 질과 양 모두를 한번에 충족시키는 셈이다. 가난한 사람들이 먹는 대표적인 육류지만 냄새가 나는 염소나 이리, 여우는 물론 말이나 개, 고양이처럼 불결하다고 여겨진 육류도 코케뉴라는 음식의 천국에서 제외되었다. 마찬가지로 순무나 밤, 도토리, 누에콩, 완두콩, 끓인 채소는 코케뉴에서 언급될 자격조차 없었다. 반면 서양에서 최고로 치는 가장 고급스럽고 훌륭한 음식인 자고새나 도요새, 종달새, 꿩, 수탉, 거위, 어린 닭 등 가금류 고기가 주로 강조되었다. 코케뉴에서는 모두가 왕처럼 산다. 축제 음식, 고기와 기름진 디저트, 광장에 있는 포도주 분수와 나무에서 바로 따 먹는 흰 빵까지 모든 음식이 풍요롭게 넘친다.

코케뉴의 심리적 역할 :

포도주와 고기, 기름진 음식. 코케뉴의 음식은 중세 말에서부터 르네상스

〈왕의 주연〉
야코프 요르단스, 16세기 말, 투르네 미술관, 벨기에
코케뉴 체험을 하는 사람들의 모습

까지 '사순절과 사육제의 싸움' 모티프에서 사육제의 편에 등장하던 음식이기도 하다. 코케뉴라는 이상향은 무엇보다도 축제가 영원히 계속되었으면 하는 바람이다. 더없이 확실한 것은 위에 언급된 요리를 통해 사람들이 잠깐이나마 코케뉴를 경험하고, 평소의 간소한 식사와 노동으로 인한 무료함을 타파한다는 사실이다.

　코케뉴 우화와 축제를 동일시하는 경향을 뒷받침하는 예로, 도시와 시골의 축제에는 '코케뉴'라 불리는 기둥이 등장하는데 이 높고 미끄러운 기둥의 꼭대기까지 올라가면 음식과 포도주를 상품으로 얻는다. 올라가는 데 들여야 하는 노력은 코케뉴에 닿기 위한 험난한 여정을 떠올리게 하며 햄, 기름진 거위고기, 줄줄이 매달린 소시지는 코케뉴에 있는 경이로운 나무의 '열매'를 연상시킨다. 5월의 축제와 관련된 이 기둥의 용도는 16세기 로마에서 확인되었다.

　《어느 부르주아의 일기》에는 1425년에 생뢰와 생질의 수호성인 축제에 등장한 이 기둥을 언급했다. "6토와즈12미터 정도 되는 긴 장대를 골라 땅에 꽂았다. 장대 꼭대기 끝에 바구니를 매달았는데 그 안에는 기름진 거위고기와 6블랑이 들어 있었다. 장대에 기름칠한 뒤 장대 끝까지 기어 올라가 바구니를 가져오는 사람이 거위고기와 6블랑을 가질 수 있다고 소리쳤다." 덧붙이자면 '코케뉴를 주다'라는 표현은 대중에게 축제를 제공한다는 뜻이다. 이 표현은 코케뉴라는 주제가 약화되어 점점 대중의 단순한 오락거리로 전락하며 결국에는 일종의 관용구가 되는 모습을 보여준다.

　그렇지만 코케뉴라는 이상향은 가톨릭교회의 기성질서를 암묵적으로 비판하는 책무도 지고 있었다. 특히 식사에 관한 제약이나 금식, 곧 의무적인 금식이나 사순절의 특정 요일에 육식을 금하는 '금육재'에 대한 비판이라 할 수 있다.《코케뉴 이야기》에는 노동이 존재하지 않기 때문에 일요일과 휴일만 연중 계속된다. 게다가 코케뉴의 달력에는 부활절, 성 요한 축일, 성촉절, 마디그라(사순절 전에 고기를 먹는 화요일—옮긴이), 사육제, 만성절, 성탄절, 포도 수확기가 각각 네 번씩 있다. 반면 사순절은 20년에 한 번씩만 돌아오며, 15세기 네덜란드판 코케뉴에서는 백 년에 한 번 돌아온다. 금식기간에도 생선이든 고기든 가리지 않고 원하는 대로 먹는다.

그 후에 나온 판본에는 이 기이한 달력이 사라졌지만, 16~17세기의 문학 작품이나 판화에서는 코케뉴를 마디그라와 사육제에 동일시하는 경향이 더 자주 발견된다.《사육제의 시작》[1615]이라는 작품에서 코케뉴는 사육제의 휴양지처럼 그려지며, 특히 18세기 전반 나폴리에서는 음식으로 뒤덮인 전차가 사육제 행렬에 참가할 정도였다. 코케뉴가 기성질서를 비판하는 책무를 지녔던 것은 교회가 사람들에게 죄의식을 느끼게 했던 것과 관련이 깊다. 교회가 신도들에게 칠죄종에 대한 혐오감을 심기 시작한 13세기에 코케뉴를 언급하는 작품이 처음으로 나왔다는 사실은 우연이 아니다. 사육제와 사순절의 싸움이 처음으로 등장하는 문학 작품 역시 13세기에 나왔다는 점을 주목하자.

〈코케뉴 이야기〉의 첫 행에서 화자로 등장하는 나그네가 벌을 받기 위해 교황에 의해 코케뉴라는 공상의 나라에 보내졌다는 점을 보면, 코케뉴가 종교에 대해 암시하는 바는 확실하다. 원래 코케뉴는 천국의 전복된 이미지를 보여주고 칠죄종을 거부하며 이보다 더 물질적일 수 없는 세속적인 행복을 찬미하는 나라이다. 기독교 가치를 완전히 뒤집은 이 나라에서 유일하게 의미 있는 것은 신체적 욕구의 충족이다. 그러나 사육제의 단순한 모티프와 코케뉴를 점차 동일시하면서 종교 비판이라는 본래 목적은

퇴색했다. 몇 세기에 걸쳐 인기를 끈 코케뉴 우화는 결국 흉작의 위협에서 자유롭지 않은 사회의 절망과 불안감의 표현이라 할 수 있다. 코케뉴는 식량 부족으로 치러야 하는 대가를 아는 사람들에게 상상을 통한 도피를 가능하게 했다. 바로 이런 의미에서 영국에서는 코케뉴를 '가난한 자의 천국'이라고 불렀던 것이다. 코케뉴라는 꿈은 넘쳐나는 음식, 걱정 없는 내일, 귀족적 낭비로 정의되며 무엇보다도 허기가 영원히 충족되고 완전히 정복되기를 바라는 소망이다. 코케뉴에서 대식가는 언제 어디서든 원하는 음식을 물리도록 먹는다.

식량 공급에 대한 근심이 가득한 사회에서 코케뉴 우화는 사람들의 허기를 달래는 목적으로 생산된 문학 작품이다. 음식이 넘쳐나고 탐식과 폭음으로 얼룩지며 우스꽝스럽고 익살스러운, 디오니소스적인 문학은 산문, 운문을 막론하고 당대인의 충족되지 않은 허기에 진수성찬이라는 보상적인 꿈을 제공한다. 코케뉴를 체험하게 해주는 글과 그에 곁들인 판화는 일종의 배출구이자 보상의 시간, 감각을 만족시키는 기회의 순간으로 작용했다. 즉 평소의 형편없는 식사와 매일매일 이어지는 굶주림, 수확 전날 곡식 가격이 올라가는 보릿고개를 걱정하는 심리에 부합하는 것이다. 그러나 배부른 상류층은 코케뉴로의 여행이 지닌 심리적 역할을 이해하지 못했다.

이상한 왕국, 코케뉴가 주는 교훈:

코케뉴 우화가 대중적인 성공을 거둠에 따라, 탐식-성욕의 결합을 격렬하게 비판하는 사람들도 이를 이용하여 탐식, 나태, 관능적 쾌락만을 좇는 삶을 비난했다. 14세기 초라는 매우 이른 시기에 나온, 코케뉴 우화의 반전격인《코케뉴의 땅》에서는 동일한 장소를 이용하여 아일랜드 시토 수도회의 해이해진 관습을 풍자한다. 게르만 사회에서 코케뉴는 광인과 광기의 세계에 병합되었다. 플랑드르 화가 히에로니뮈스 보슈는〈광인들의 배〉라는 작품 한가운데에 코케뉴의 나무를 세우는데, 광인들은 공상의 나라 코케뉴를 찾아 지도도 나침반도 없이 떠난다. 독일 시인 제바스티안 브란트의 작품1494년. 108장에서 이들은 망망대해를 떠도는 벌을 받는다. "광인들의 배를 타고 항해하는 자, 웃고 노래하며 지옥으로 가는 자에게 불행이 따르리."

18세기 독일의 호만상사에서 간행한 풍자지도를 보면 그 지형과 지명 등이 쾌락만으로 움직이는 타락한 인간이 초래하는 위험을 강조함을 알 수 있다. 위장의 제국, 황금송아지의 왕국, 술의 나라, 성욕 공화국, 나태의 지구地區, 신성모독의 도시 등이 그 예이다. 크리스토퍼 콜럼버스는 15세기 말 가톨릭 왕에게 보낸 편지에서 코케뉴의 전형적인 특징으로 히스파뇰라섬을 빗대 묘사하지만, 결국은 "이는 세상에서 가장 게으른 사람들을 위해 만들어진 땅이다"라며 도덕적인 비난을 하기에 이른다.

코케뉴라는 주제의 양면성은 암시적인 지명과 우스운 성姓에 다른 의미가 내재되어 있다는 데서 드러난다. 코케뉴로 가는 길은 '타락한 자들의 길'이라는 명칭으로, 코케뉴에서 머무는 이들이 묵는 곳은 '걱정 없는 자들의 여관'이라는 이름으로 되어 있다. 행복한 성 라슈는 '할 일 없는 자, 빈둥거리는 자, 게으른 자, 나태한 자'의 수호자이기에 코케뉴의 수호성인으로 승격된다. 이 이상한 왕국에서 사람들은 게으른 정도에 따라 기사나 백작, 왕자 혹은 왕이 된다. 왕들의 이름과 칭호 역시 나태와 탐식, 자유방임을 비난하는 패러디의 일부를 이룬다.

〈광인들의 배〉
히에로니뮈스 보슈, 1490년경. 루브르 박물관, 파리
가운데에 코케뉴의 나무가 서 있다.

〈코케뉴와 그 풍요로움의 묘사〉16세기 말~17세기 초라는 제목의 프랑스 판화에서는 이탈리아어로 대식가라는 뜻의 파니코네panicone에서 이름을 딴, 게으른 대식가인 파니공Panigon이 '전장의 우두머리여서가 아니라 엄청난 겁쟁이'라 코케뉴의 왕이 되는 모습을 묘사한다. 코케뉴의 여왕은 베네라빌레 폴트로네리아, 이탈리아어로 '존경할 만한 게으름뱅이'라는 우아한 이름에 어울리는 여성이다. 플랑드르의 시 〈루이레케란트〉1546에 따르면 감미롭고 게으른 나라 루이레케란트에 가기 위해서는 자신의 모든 미덕, 고결함, 예의, 지혜, 기술을 버리기만 하면 된다. 그러나 "모든 악덕의 어머니인 무위도식에 주의"해야 하며, 그 나라는 "불길한 교수대와 가까이 있는 나라"임을 언급한다. 이 시를 통해 탈선한 아이들에게 경고를 한 것이다.

버림받은 자들의 땅, 코케뉴는 현실세계를 돋보이게 해주는 역할을 하게 되었다. 즉 온갖 건달과 게으름뱅이, 걸신쟁이가 누워 뒹구는, 권하고 싶지 않은 세계가 된 것이다. 살찐 대식가는 무위도식하며 사회의 자연스러운 질서를 뒤흔드는 기생충, 음식이 지나가는 더러운 소화관에 불과하다. 전복된 세계의 전형을 보여주는 마디그라가 코케뉴로 추방된 것은 우연이 아니다. 교육학자와 도덕론자는 코케뉴라는 꿈이 식사에 대한 불안의 배출구라는 사실을 거부하고 탐식과 나태를 긴밀하게 연결시켰다. 대식가는 노동과 수고, 상업적 교류를 거부하기 때문에 위험한 무위도식자로 취급되었다. 마디그라가 코케뉴로 추방되었다는 사실은 자본주의 이전의 유럽사회에서 노동의 가치가 마디그라보다 더 중요한 취급을 받았다는 것을 보여준다.

교육개론서에 실린 코케뉴는 현실 세계를 돋보이게 해주는 역할로 재해석되어 젊은이들에게 알려졌다. 루이 14세의 큰손자인 부르고뉴 공작의 스승 페늘롱은 학생을 가르치기 위해 코케뉴에 관한 이야기 여러 개를 저술했다. 그중 한 작품인 《쾌락의 섬으로의 여행》에서 페늘롱은 그가 잘 알고 있는 이상향의 코드로 코케뉴를 패러디하고 있다. 이는 맛있는 음식을 먹는 쾌락을 부질없이 추구하여 정신력이 무너지는 것을 비판하기 위해서이며, 동일한 주제는 《텔레마코스》1699에서도 등장한다. 오랜 항해 끝에 주인공은 캐러멜과 정제설탕으로 이루어진 바위, 마멀레이드 산, 시럽의 강, 감초의 숲과 웨하스로 덮인 나무 등 달콤한 과자가 가득한 섬에 정박한다. 어린 부르고뉴 공작이 이 이야기에 사로잡히리라는 것은 짐작할 만하다. 그러나 곧 우리의 여행자는 언제나 손 닿는 거리에 있는 달콤한 음식에 질려버리고, 강렬하지는 않더라도 맛이 더 진한 요리를 원하게 된다.

그는 '달콤한 과자의 섬'을 떠나 '햄과 소시지, 후추를 친 스튜의 보고'라는 섬에 도착한다. 이 섬에서 그는 하루에 열두 번의 진수성찬을 먹을 수 있을 만큼 식욕을 충분히 느끼기 위해 식욕을 파는 상인에게 위胃로 사용되는 작은 주머니 열두 개를 산다. 그러나 저녁이 되자 "그는 구유 앞의 말처럼 식탁에서 온종일 지내는 것에 질려버렸다"라고 말하며 대식가의 동물성을 비난한다.

다음날 주인공은 좋은 냄새로만 배를 채우기로 결정한다. 이틀 후에 그는 "파닥거리며 날아다니는 작은 장난꾸러기 요정들에게 소원을 빌면 바로 받을 수 있는" 마을을 방문한다. 그러나 소원이 이루어진 사람들은 게으름뱅이에 겁쟁이가 되고 감각적인 쾌락만 계속 좇는다. 결국 마을의 풍습은 무너지고 기강이 유약해져 마을 행정을 부인네들에게 맡기는 사태까지 발생한다. 이 이야기가 어린 왕자에게 주는 교훈은 다음과 같다.

"쉽게 얻을 수 있는 다양한 감각적 쾌락은 사람을 타락시킬 뿐 행복을 가져다주지 못한다는 결론을 내렸다. 그래서 나는 달콤한 겉모습을 지닌 이 나라들을 떠났다. 집으로 돌아온 나는 맛있는 음식이나 다양한 쾌락을 통해서는 찾을 수 없었던 행복과 건강을 비롯해 검소한 삶과 적절한 노동, 흠잡을 데 없는 풍습 그리고 미덕의 실천을 찾았다."

《아이들은 코케뉴의 달콤한 유혹에 항복할까?》
P.에브너의 데생, 독일 아동서에서 발췌, 1915년경

〈칼레 대문〉
윌리엄 호가스, 1748, 테이트 갤러리, 런던
제 배를 채우기에 급급한 성직자에 대한 비판

3

음탕한 가톨릭,
금욕적인 프로테스탄트

인간이 저지를 수 있는 일곱 가지의 죄 중 다섯 번째에 해당하는 탐식
은 가장 덜 꺼림칙한 양심의 가책이 드는 죄이다. 과도한 음식 섭취인 폭
식 역시 모든 종류의 과도함 중 성직자 스스로 가장 쉽게 사면받는 것이
기도 하다. 왜냐하면 폭식은 성직자가 자신에게 허용하는 유일한 과도함
이기 때문이다.

그리모 드 라 레이니에르, 《미식가 연감》, 1803

음탕한 가톨릭,
금욕적인 프로테스탄트

파리혁명 자치정부[1871]의 탄압을 피해 바베트라는 한 여성이
노르웨이의 작은 마을에 망명한다. 달랑 복권 한 장과 추천서
만을 지닌 그녀는 루터교목사의 두 딸인 노처녀 자매의 시중
을 들게 된다. 그녀는 금욕과 절약, 세속적 쾌락의 거부를 원칙
으로 하는 작은 청교도 마을에서 온갖 잡일을 하는 하녀로서 12년간을 지
낸다. 그러다 어느 날 그녀가 지닌 그 복권이 1등에 당첨되어 만 프랑의 당
첨금을 수령하게 된다는 내용이 담긴 편지가 프랑스에서 날아온다. 복권
에 당첨된 바베트는 목사의 백 번째 생일을 축하하기 위해 프랑스식 저녁
을 대접하겠다며 마을 사람들을 초대한다. 식사에 초대받은 마을 사람들
은 휘황찬란한 식사와 프랑스에서 온 식료품에 놀랐으나 평소 바베트를 못
마땅하게 여긴 두 자매와 맺은 합의 때문에 감탄을 표시할 수가 없었다. 그
러나 훌륭한 포도주와 세련된 요리가 계속되자 그들은 약속을 저버리게
된다. 망명의 배경이 베일에 싸인 바베트는 사실 과거 프랑스 제2제정 상
류층 사이에서 소문난 파리의 대형 레스토랑 쉐프였다. 그녀가 제공한 아

몬틸라도, 클로 부죠 1846년산, 뵈브 클리코 1860년산과 거북이 포타주, 삭힌 메추라기, 신선한 포도와 복숭아, 무화과가 식사에 참여한 이들의 혀를 부드럽게 감쌌고 마음을 유쾌하게 만들었다. 금욕적이던 분위기를 고수하던 집은 한동안 흥겨움에 가득찼고, 그녀를 무시했던 두 자매와 마을 사람들은 부끄러워 하며 자리를 떴다.

덴마크 여성작가 카렌 블릭센(1885~1962, 필명은 이자크 디네센-옮긴이)의 《바베트의 저녁식사》1958는 이후 가브리엘 악셀에 의해 〈바베트의 만찬Festin〉이라는 제목으로 영화화되었다. 《바베트의 저녁식사》는 기독교 사회에서 미각적 쾌락의 위치에 대해 날카로운 질문을 던진다. 프랑스인이자 요리 전문가인 바베트는 굉장히 가톨릭적인 식사문화로 프로테스탄트 손님들을 끌어들여 당황하게 만든다. 프로테스탄트와 달리 가톨릭교회는 중세시대 때부터 맛있는 음식에 대해 타협적이었는데, 16세기의 종교개혁자들은 이를 로마 가톨릭교회의 '타락'에 맞서는 투쟁의 주요 요인으로 삼았다.

중세 성직자의 탐식:

풍자 우화시, 담시, 로맨스 소설, 설화, 발라드 등 중세의 수많은 문학 작품은 성직자의 탐식을 곧잘 게으름이나 성욕, 질투 같은 다른 중대한 죄와 연관시켜 다루었다. 이 같은 악덕은 '골리아르드'라고 불리는 풍자시12세기의 중심 주제로, 13세기에는 골리아르드라는 단어가 선술집, 매음굴에 들락거리고 도박을 하는 타락한 성직자를 가리켰을 정도였다. 이론의 여지가 분분하지만, 골리아르드의 어원이 굴라에서 파생되었다는 설도 있다. 서

양에서 탐식을 일삼는 수도사의 모습은 긴 미래를 보장받은 문학적 고정
관념이 되었고, '고위 성직자처럼 뚱뚱하다'라는 표현은 속담이 되었다. 영
웅 무훈시마저도 이 같은 고정관념을 피해가지 못했다. 이름 높은 유랑기
사 기욤 도랑주는 수많은 모험과 적잖은 전투 끝에 수도원에 들어가기로
결심했는데, 그가 찾아간 수도원에서는 포도주와 빵, 생선과 고기돼지, 공작
새, 백조가 진수성찬을 이루고 있었다.《모니아쥬 드 기욤》에서 언급된 수도
원 식사에는 왕의 연회에나 올라오던 공작새나 백조 고기가 포함되어 마치
영주 혹은 귀족의 식사를 연상케 한다. 그뿐만 아니라 탐식을 일삼고 질투
와 시기심에 가득 찬 수도사들은 자신의 몫이 줄어들까 봐 기욤의 식욕에
대해 불평을 늘어놓기까지 한다.

　　프랑스의 작가 앙투안 드 라 살1385/6~1460/1은 풍속소설의 선구적
작품인《시동 장 드 생트레》1456년 집필, 1517년 간행에서 가톨릭의 이중성을
비꼬아 표현한다. 교회에서 강요하는 육식을 금기하는 사항은 글자 그대
로 준수하는 반면, 교회에서 가장 중시하는 사상이기도 한 회개와 겸허는
준수하지 않는 것이다. 사순절이 한창일 때, 여자에게 환심 사기를 좋아하
는 당프 수도원장은 데벨르쿠진 부인에게 생선과 과자 그리고 과일을 포함
한 진수성찬을 대접한다. 고기가 없을 뿐 식탁에 올라온 요리들은 호화롭
고 다양하며 세련되었다. 다양한 생선을 끓이거나 튀기고 구웠으며, 잘게
썬 재료에 중세 상류층이 좋아하는 향신료를 넣기도 하고, 형형색색의 소
스를 곁들여 음미하도록 했다. 금식을 해야 하는 날인 사순절에 이 얼마나
손님들의 눈과 혀를 사로잡는 진수성찬인가! 향신료의 맛은 감각을 흥분
시키기 때문에 데벨르쿠진 부인에게 대접한 진미는 훨씬 더 육체적인 쾌락
을 예고했다. 대식가이자 여자를 꼬시기 좋아하는 성직자를 풍자하는 우

레오 10세(1475~1521)가 교황청에서
방탕하게 생활하는 모습을 묘사한 판화
16세기 초

화시 〈사제와 부인〉의 예처럼 말이다. 베네딕토 13세의 보좌관 니콜라 드 클라망주는 〈교회의 몰락에 관한 논설〉1401에서 "마시고 먹고 연회를 즐기는 호색한 사제들"을 공격한다. 게다가 프랑수아 비용1431~1463은 자신의 담시 〈프랑크 공티에의 이의〉에서, "뚱뚱한 고위 성직자"가 최음제로 알려진 향료를 넣은 달콤한 포도주 이포크라스를 마시면서 아름다운 부인과 편안한 방에서 "웃고, 장난치고, 서로 쓰다듬다 성교를 하는 모습을 자물쇠 빗장구멍으로" 목격했다고 말한다. 대식가이자 음탕한 중세시대의 성직자 이미지는 한낱 공상이 아니라 서양 기독교 사회에서 식량 보급을 보호받으며 혜택을 누리던 그들의 위치를 증명해준다.

교회는 토지를 소유했고 신도들의 유산을 끌어모았으며, 주민들이 내는 십일조와 수확량에서 징수되는 현물세는 성직자들의 생활비로 충당됐다. 게다가 가톨릭에서 금식일에 허용하는 간단한 식사나 간식인 콜레이션collation의 등장과 추가 식사분의 허용, 식사에 관한 의무 면제, 육식일의 육류 섭취에서 나타나듯이 중세의 마지막 몇 세기 동안 서양 사회의 수도 규율은 명백하게 해이해졌다. 엄청나게 부유해진 로마 교황청은 부족함을 모르는 풍요로운 생활을 했다. 이탈리아 우화에 등장하는, "잘 먹어 살이 오른 고위 성직자들"이 바로 그 증거이다.

이탈리아의 시인인 테오필로 폴렝고가 쓴 《발두스Baldus》라는 스무 권짜리 시집에는 다음과 같은 내용이 실려 있다. 한 여관 주인이 죽을 때 천국의 문에 여관을 낼 수 있는 권리를 얻게 되는데, 주인 스스로 판단하기에 아쉽게도 그곳에서는 사업이 잘될 것 같지는 않다고 여겼다. 왜냐하면 천국에는 성직자들이 없으니, "사프란 향의 포타주에 끓여낸 닭고기, 부드럽고 강한 맛의 다양한 포도주를 곁들여낸 투르트"를 찾는 이도 없을 터라는 말이다. 그래서 여관 주인은 지옥으로 자리를 옮겼고, 단골 손님을 되찾게 되어 사업은 그 어느 때보다 더 번성하게 된다. 1508년, 프란체스코회 수도사 미셸 므노는 사순절에 투렌의 고위 성직자들이 당연하다는 듯 훌륭한 식사를 하는 모습에 화가 나 이렇게 호통친 일이 있다. "네놈들이 성직록을 받는 게 이다지도 많은 요리를 먹기 위해서냐?"

가톨릭 식食문화에 대한
프로테스탄트의 격렬한 고발 :

중세의 산물인 반反교권주의는 나태하고 배가 불룩하며 식탐이 많고 때로는 음탕하기까지 한 성직자의 이미지를 구축했으며, 이러한 이미지는 종교개혁 초기 프로테스탄트의 비방문에서 한층 과격해졌다. 장 칼뱅은 《기독교 강요綱要》1536에 가톨릭 성직자에 대해 "그들은 자기네 배가 신이며 음식이 곧 종교"라고 적었다. 가톨릭교회의 타락을 비난하는 16세기 종교개혁자들의 과격한 고발장에는 음식에 대한 욕망으로 말미암아 탐식을 일삼고 취할 정도로 술을 마시는 타락한 성직자가 그려져 있다. 이들은 탐욕스럽기 때문에 인색하기까지 하다. 탐식의 죄를 떠올리게 하는 중세의 동물 우화는 프로테스탄트들이 작성한 비방문에서 계속 등장했다.

특히 양의 포식자인 이리는 가톨릭 성직자들의 식탐을 연상시키는 이미지였는데, 이는 신도들의 고혈을 짜내고 정도를 벗어난 성직자의 모습을 만들어 목회자가 주는 성실한 인상을 왜곡했다. 또한 그러한 성직자들은 마태복음에 나오는 다음 경고를 떠올리게 했다. "거짓 선지자들을 삼가라. 양의 옷을 입고 너희에게 나아오나 속에는 노략질하는 이리라." 마태복음 7장 15절 그뿐만 아니라 종교개혁자들은 개, 심지어는 원숭이, 돼지 같은 불명예스러운 이미지를 사용해 그들을 비방했다. 유난히 자주 사용되는 욕설인 '돼지새끼'는 수도사와 사제의 식탐과 성욕을 의미했으며, 로마 기독교의 수도원과 교회는 돼지우리로 탈바꿈되었다. 타락이라는 오명으로 얼룩진 로마 가톨릭교회는 가난한 이를 희생시켜 자기네 배를 불릴 생각밖에 없는 거대한 부엌에 지나지 않았다. 스위스 종교개혁자 피에르 비레Pierre Viret의 저서 《교황의 요리와 색마 기독교도》1560에 따르면 가톨릭 성직자 중에는 '튀김을 핥는 이' '나이프를 질질 끄는 이' '비계 조각을 찌르는 이' '수프를 들이키는 이' '죽을 들이키는 이' '술잔을 들이키는 이' 그리고 '이다지도 아름다운 가톨릭 교리에 신경 쓰며 꼬치꼬치 캐묻는 커다란 목구멍을 가진 이'밖에 없다고 기록되어 있다. 독일에서 활약한 스위스 조각가 피터 플뢰트너Peter Flötner는 1535년경 판화에 가톨릭 예배 행렬의 성유물 대신 구운 새고기와 줄줄이 소시지, 포도주 자루를 경건하게 든 성직자의 모습을 새겨 이를 풍자하기도 했다.

주방이라는 주제는 맛있는 음식에 대한 애정을 연상시킬 뿐 아니라 비유적으로는 성직록의 뒷거래나 성사聖事의 판매, 특히 연옥에서 보내는 시간을 줄여준다고 여겨진 면죄부 판매 같은 교회의 독직瀆職 행위를 의미한다. 중세시기에 지옥의 모습은 주방을 차용해 묘사되었는데, 성경에 기록된 예언자 에스겔의 말은 다음과 같다. "그러므로 나 주 여호와가 말하노라. 피 흘린 성읍, 녹슨 가마 곧 그 속의 녹을 없이 하지 아니한 가마여, 화 있을진저. 제비 뽑을 것도 없이 그 덩이를 일일이 꺼낼지어다."에스겔 24장 6절 르네상스기의 로마 가톨릭교회가 여러 번의 전쟁 때문에 피로 얼룩진 도성에서나 그 본모습을 찾아볼 수 있다면, 녹이 슬고 엎어진 솥은 교황의 직권을 상징하며 머리에 착용하는 삼중관은 교황관을 의미한다.

먹을 것밖에 모르는, 위대胃大한 신학자 :

1518년부터 마르틴 루터의 저서에서 처음으로 등장하기 시작한 단어 '테올로가스트르théologastre(신학자라는 théologien와 위장이라는 gastre의 합성어—옮긴이)'는 기독교 인문주의자들과 종교개혁에 민감한 작가들의 작품에서 선풍적인 인기를 끌었다. 대식가의 신체 중 유독 위장胃腸이 비방문과 판화에서 강조되는데, 일례로 칼뱅은 수도사를 '무위도식하는 위장' '게으른 위장' '아무것도 하지 않으며 잔뜩 먹어대는 황소'라고 일컬었다. 게다가 〈칼뱅주의자들의 노래〉1555년는 '그랑 샤르트뢰위대한 샤르트뢰회 수도사'와 '그랑 방트뢰큰 위장'로 각운을 맞추며 수도원장들을 가리켜 '송아지처럼 살쪘다'고 비난했다.1546년 그들에게 맛좋은 음식을 사랑하는 사제들은 '경멸당해도 마땅한 위장, 무척 악랄한 위장'일 뿐이었다.

　　루카스 크라나흐의 목판화 서른다섯 점이 실린, 루터의 단행본《예수 그리스도의 행적과 교황의 행적》1539에서는 그리스도의 일생을 교황의 일생과 비교한다. 76쪽에 실린 목판화 중 위의 그림은 예수가 모든 남자와 여자, 아이에게 신의 말씀을 전하는 모습을 보여준다. 말씀을 주의 깊게 듣는 이들과 영롱한 눈빛으로 감복하여 명상에 잠긴 이들이 심적으로 변화되었으리라는 것은 쉽게 짐작할 수 있다. 반면, 아래에는 삼중관을 쓴 교황이 손님들과 함께 맛있는 음식을 즐기며 기쁨을 만끽하는 모습이 보여진다. 교황은 악기의 연주 소리와 어릿광대의 재주에 즐거워하며 포도주를 한 모금 마시고 있다. 시중꾼이 무거워 보이는 쟁반 세 개를 들고 오는데 쟁반 위에는 맛좋고 인기 있는 음식들이 가득하다. 값비싸 보이는 세 개의 은쟁반은 교황의 삼중관에 달린 세 개의 관을 연상시킨다. 교황과 손님들, 즉 주교 한 명과 수도사 한 명 그리고 은행가로 보이는 두 명은 모두

(위)
〈예수가 양들에게 목자를 주시네〉

(아래)
〈교황은 불룩한 제 배밖에 생각하지 않네〉

루카스 크라나흐
《예수 그리스도의 행적과
교황의 행적》의 삽화
1539년

비슷한 외모를 지녔다. 모두 비만에 얼굴의 하관은 늘어져 턱이 세 겹이나 겹친다. 이 목판화는 교황청의 사치를 강조하고자 했다. 우스꽝스러운 얼굴을 한 인물들은 대화를 나누고 있는데, 이는 신중하지 못하고 '혀의 죄'를 저지르는 것을 의미한다. 첫 번째 그림에는 〈예수가 양들에게 목자를 주시네〉라는 제목이, 두 번째 그림에는 〈교황은 불룩한 제 배밖에 생각하지 않네〉라는 제목이 붙어 있다. 신도들에게 가르쳐야 할 그리스도의 메시지가 세속적인 쾌락과 물질적인 부만 즐기는, 호색하고 음탕한 성직자에 의해 왜곡되었다는 것이다. 이것이 바로 루터가 주장한 '교회의 바빌론 유수'가 가리키는 바이다.

독일의 또 다른 종교개혁자 멜란히톤1497~1560의 비방문을 묘사한 목판화에서도 동일한 형태의 희화화가 나타난다. 〈놀라운 두 괴물, 즉 당나귀 교황과…… 송아지 수도사〉1557는 흉측한 당나귀 교황의 배를 "교황과 그의 모든 사제 나부랭이 (……) 그의 포주들, 위가 꽉 찬 살찐 돼지로 이뤄진 몸통"으로 묘사한다. 위장이라는 주제는 프로테스탄트의 비방문에만 사용되었던 것이 아니라 종교개혁자들을 겨냥한 가톨릭의 비방문에도 사용되었다. 그러나 가톨릭의 비방문에서 위장은 식탐보다는 성욕을 가리켰다. 초기 종교개혁 세대는 혼인한 상태를 포함한 환속한 성직자라는 것이 특징이 아니겠는가?

가톨릭 수사 보자미의 말에 따르면, 루터와 칼뱅은 여자를 멀리하느니 먹는 것을 포기하겠다고 고백하리라는 것이다. 루터의 탐식과 폭음을 비난한 예도 있었는데, 루터의 살찐 몸과 그가 쓴 《탁상 담화》는 오히려 잘 먹고 잘 마시는 행위에 대한 루터의 애정을 보여준다며 비방문을 통해 언급했다. 16세기 말의 독일 판화에서는 손수레에 자신의 배를 실어 나르는 루터와 수녀처럼 차려입고 그를 따르는 아내가 새겨져 있다. 이 판화에서처럼 가톨릭교도들은 맥주를 너무나 사랑하여 비만이 된 루터의 몸과 수녀였던 카테리나 폰 보라와의 결혼을 강조하며 루터의 타락한 성품에 중점을 두었다. 가톨릭교도들은 루터교 50주년과 95개조 반박문 백 주년인 1617년, 루터의 신앙고백을 커다란 맥주잔으로 요약해 전단지를 만들어 독일 사회에 배포하기도 했다.

금육禁肉, 가톨릭의 위선:

프로테스탄트인 술리 공작1559~1641은 《회고록》에 "설탕과자나 향신료를 친 소스, 과자, 과일 설탕 조림, 고기 가공식품, 주벽, 탐식, 필요 이상으로 오랫동안 먹어대는 방탕한 생활"을 모두 거부하는 자기 자신에게 만족한다고 기록했다. 이미 소크라테스 때부터 등장했던 요리의 기술을 '허위虛僞의 기술'이라고 비판하는 전통적인 견해 이면에는, 일찍이 프랑스 국왕 앙리 4세의 충실한 친우親友가 발루아 왕조 후기의 왕궁 풍습을 도덕적으로 비난했으며 가톨릭 성직자들의 위선을 규탄했다는 사실이 있음을 알아야 한다. "무엇을 먹는지 말해 달라, 그러면 당신이 어떤 사람인지 말해주겠다." 브리야 사바랭의 이 유명한 격언은 여전히 강력한 시사성을 지니고 있다.

회화를 비롯한 여러 작품에 등장한 가톨릭교도들의 간소한 식사 습관은 피상적이고 위선적인 신앙의 겉모습에 불과했다. 금육禁肉기간에 상류층 가톨릭교도들은 가장 신선하고 고급스러운 생선을 배불리 즐겼을 뿐 아니라 거북이, 비버, 검둥오리, 흑기러기, 달팽이, 개구리 등 육식과의 구분이 애매모호한 동물을 먹었다. 중세부터 전해 내려온 금육기간의 요리들은 이탈리아와 프랑스에서 16~17세기 내내 발전을 거듭했다.

중세 말부터는 금육기간에 특화된 고기 요리가 조리법 모음집에 등장했다. 근대 이전의 17~18세기, 곧 근세近世의 요리서적은 가톨릭 사회에서 사순절과 사순절 외의 금육일, 성금요일을 위한 조리법을 제공한다는 취지를 지키고 있다. 17세기의 가장 유명한 프랑스 요리 개론서인 《프랑스 요리사》1651를 펼쳐보자. 가재나 굴, 아스파라거스를 넣은 포타주, 백포도주에 향료를 섞어 만든 구운 대하나 바다가재 수프, 육두구를 소량 넣어 살짝 구운 굴 그라탱, 양파와 파슬리, 케이퍼, 빵가루를 넣어 살짝 구운 굴스튜, 소렐로 속을 채운 구운 서대기 등 금식일을 위해서 이처럼 맛있는 조리법이 수도 없이 소개된다니 놀라울 따름이다.

"최상급 고기와 비교하여 생선은 우리의 입맛을 만족시키기에 부족함이 없다. 사실 생선은 자연이 만들어낸 식품 중 가장 맛있고 풍미 가득한 식품이다. 우리 입맛이 바라는 다양성과 식탐을 충족시키기 위해 바다가 권할 수 있는 가장 기분 좋은 음식이다."

《프랑스 요리사》의 생선 예찬 이후, 안토니오 라티니는 《현대식으로 고기 써는 사람》17세기 말에서 생선을 사순절 금식 메뉴에 포함시키는 종교 규정을 언급했다. 금육을 지키는 동시에 식사의 즐거움을 만끽하는 일은 상류층 가톨릭교도들에게 충분히 양립 가능한 것이었다. 프랑스의 법률가이자 정치가이면서 식도락에 관한 유명한 책을 쓴 미식가 브리야 사바랭은 이런 구절을 남겼다. "종교개혁 이전 시대의 최고 걸작은 엄격하고 사도다운 콜레이션, 그러나 겉보기에는 풍요로운 저녁 만찬 같아 보이는 식사였다."

에라스뮈스는 가톨릭교도들의 금육식사를 "신과 자신의 배 사이에서 사순절을 공유한다"고 단호하게 비난했다. 《어식》. 1518 에라스뮈스는 육식을 금지하는 일이 긍정적 효과보다는 부정적 효과가 더 크다고 말했다. 심지어는 금육이라는 규율을 폐지하기 바라며 다음과 같이 언급했다. "부자들에게 음식을 바꾸는 일은 즐거움의 원천이고 싫증 내지 않는 방법이다. 부자들이 금육을 하는 날이야말로 먹는 낙을 최고로 누리는 날이다." 《금육에 대하여》 루터는 여러 편의 《탁상 담화》 중 한 편에서 이탈리아를 여행하는 이방인의 이야기를 전한다. 여관에 들러 쉬던 중 금육기간에 주인이 그에게 저녁을 먹을 건지 금식일에 먹는 콜레이션을 먹을 것인지 물어본다. 여행자는 반쯤 타버린, 석쇠에 구운 청어가 나오는 저녁을 먹는다.

> "그러나 금식일용 식사를 차린 식탁에는 온갖 종류의 맛있는 생선, 건포도, 무화과, 잼, 과일 설탕 조림이 차려져 있었다. 맛있는 포도주를 곁들인 이 모든 음식은 금식일을 지키는 사람을 위한 것이었다. 이 전부는 순전한 위선이자 악마가 우리를 비웃는 환영에 불과하다."

칼뱅도 루터와 마찬가지로 가톨릭식 사순절의 위선을 강하게 비난했다. 칼뱅에 따르면 본디 사순절이란 "고기와 나머지 온갖 진미를 먹는 일을 자제하는 것"만으로 충분하다고 한다. 《기독교 강요》 한 세기 뒤에 칼뱅주의자 탈망 데 레오 1619~1692는 다음과 같은 이야기를 인용하며 가톨릭식 사순절의 위선을 비웃는다. 한 가정의 가장인 마부는 8일 동안 금식하라는 성직자의 말에 파산하고 싶지 않다며 강하게 항의한다. "높으신 네들이 사순절에 금식을 하는 모습을 보아하니 모과잼과 배, 쌀, 시금치, 포도, 무화과 등등이 있어야 하기 때문입니다요." 그렇다고 프로테스탄트들이 금식을 아예 하지 않는 것은 아니다. 금식은 마음속의 진정한 열의에서 우러나와야 한다. 프로테스탄트식 금식은 무엇보다도 간소하고 넘침이 없는 식사의 찬가이자 중용과 절제의 동의어이다. 프로테스탄트들에게 금식의 진정한 의미는 간소한 식사습관의 계속적인 실천이며 고기 자체가 아니라 모든 형태의 폭음과 탐식, 쾌감, 성욕을 향한 갈망을 금하는 것이다.

프로테스탄트들이 식사의 즐거움을 거부한다고? :
17~18세기의 영국 요리 서적은 다른 나라에 비해 소박함과 절약에 대해 찬가를 바치고 있는 점이 유달리 눈에 띈다.

> "음식이란 우리의 변덕보다는 자연을 만족시키고, 유별난 식욕으로
> 배불리 먹기보다는 허기를 충족시키기 위해 만들어져야 할지어다. 시
> 장에서 사오는 대신 제 정원에서 가져와 창고에 비축한 음식일지어다.
> 다른 나라에서 찾은 기이하고 보기 드문 음식보다는 친숙한 음식을
> 더 높이 평가해야 할지어다."

이 같은 충고는 제르바스 마컴이 성실한 가정주부에게 전하는 충고이다.《영국 가정주부》, 1615 몇 안 되는 영국 궁중요리 개론서에도 이런 충고가 등장하는데, 이처럼 지나침을 거부하고 절약에 관심을 보이는 현상은 17세기부터 유럽을 지배하던 프랑스식 요리 모델에 대한 반발로 해석될 수 있다. 프랑스식 요리법의 지나친 사치스러움은 영국 요리 서적에서 끝없이 등장하는 주제였다. 반발의 중심에는 교황주의와 전제주의, 프랑스식 요리

면죄부 위에 앉은 악마의 입속에서 연회를 즐기는 수도사와 성직자들
마티아스 게룽의 작품으로 추정, 16세기 초

라는 세 가지를 모두 한데 섞어 허위의 기술이자 본성의 타락으로 여기는 인식이 숨어 있다. 이 세 가지는 경계해야 하는, 한 종류의 유해한 독毒이 지닌 세 가지 다른 모습인 셈이다. 18세기의 풍자삽화가들에게 있어 일명 건장한 존 불은 영국인을 상징하는 캐릭터이다. 영국 요리에서는 존 불이 들고 있는, 피가 뚝뚝 떨어지는 커다란 소고기처럼 건강에 좋은 소박한 음식을 이상으로 여겼다. 반대로 이들 풍자삽화가가 그려낸, 프랑스인을 상징하는 우스꽝스러운 멋쟁이는 허약하며 마르고 병약하다. 그가 먹어대는 가톨릭식·프랑스식 음식의 대표격인 달팽이와 채소는 영양이 풍부하지 않아 건강에 그다지 좋지 않기 때문이다.

스튜어트 왕조가 전제왕권을 강화하기 위해 공을 들였음에도 영국에서 아직 엄밀한 의미의 궁중요리는 탄생하지 않았다. 그 대신 젠트리와 부유한 농민 계층의 요리가 나름의 인기를 누리게 되었다. 아마 그래서 영국에서는 사회계급이 요리를 통해 표현되는 정도가 프랑스에서보다 덜한 것 같다. 스튜어트 왕조의 제임스 2세가 1688년 명예혁명으로 실각한 지 20년 후에도 궁중요리는 여전히 형편없었으며, 요리사 패트릭 램브는 피할 수 없을 비난에 대비해 저서 《궁중요리》1710의 서문에서 이렇게 말한다.

"성탄절에도 절식을 하는 엄격한 금욕주의자나 음식의 무게가 얼마나 나가는지 몇 돈, 몇 푼까지 헤아려보는 이들이 이런 제목의 책을 구매하는 것은 아무도 기대하지 않을 것이다. 또한 특별한 조리법 없이도 호화로운 생활은 쉬이 살을 찌게 한다고 생각할지 모른다. 그러나 악덕에 물든 혀는 맛을 제대로 가늠하지 못하는 법이니, 불평 많고 추잡한 두세 사람으로 말미암아 '제대로 먹는 법'에 혼란이 야기된다면 그야

을 하는 방법이나, 부자나 게으른 이가 더 뚱뚱해지도록 알려주는 요
리법을 가르치지 않기 때문이다."

'엄격한 금욕주의자'라는 말 뒤에 청교도라는 단어가 숨어 있는 것
일까? 영국 청교도주의가 미각적 쾌락에 미친 영향이 종종 언급되는데, 이
에 관한 견해는 영국과 프랑스 모두에서 엇갈린다. 그러나 올리버 크롬웰
이 권력을 잡은 1650년대에 세속적인 쾌락이 억압되었던 반면, 런던의 쾌
락주의자인 사무엘 핍스1660~1669의 일기를 보면 왕정복고 초기 십 년 동
안 미각적 쾌락은 겉으로 표출되었다. 영국과 프랑스의 식사를 비교한 사
회학자 스테판 메넬은 "19세기 영국의 가정식 요리 서적에 등장하는 요리
는 더 단조로운 느낌이며, 식사의 쾌락과 관련된 의미는 사라져버렸다고
해도 과언이 아니다"라고 인정한다.
　　영국식 문화모델은 교황주의와 전제주의, 왕궁문화의 발현을 모두
거부하는 특징을 지녔기 때문에 프랑스—이탈리아식의 화려한 요리법에
도 근세 내내 저항했다. 프랑스—이탈리아식 문화에 따르면 요리는 생활의
예술 또는 교양 있는 화제일 뿐 아니라 미술의 온전한 한 분야였다. 프랑
스에서는 궁중교육을 받은 귀족을 중간계급이 모방했던 반면 영국에는 식
도락 문화를 가능하게 했던 사회적 합의가 없었다. 그렇다고 해서 영국에
미각적 쾌락이 아예 존재하지 않았던 것은 아니다. 영국인들은 유럽에서
도 가장 단맛을 좋아하지 않는가? 설탕을 향한 영국인의 열망은 중세 말
에 이미 두드러질 정도였고 근세의 종파적 선택을 견뎌 현재까지도 여전히
존재한다.

엄격하고 금욕적인 프로테스탄트식 식사
아브라함 보스의 판화, 1635년경, 프랑스 국립도서관, 파리

오늘날에도 프로테스탄트 문화인 북유럽과 가톨릭 문화인 남유럽
에서 식사와 미각적 쾌락의 관계는 여전히 다르다. 덴마크에서 돼지고기
는 맛보다 유연성이 성공 여부를 결정한다. 유연해야지만 정육점에서 고
기를 쉽게 정육면체 모양, 길고 가는 모양으로 썰거나 붉은 소시지로 만들
거나 미트볼프리카델러로 만들기 때문이다. 여기서 고기의 맛에 영향을 주는
품질은 중요하지 않다. 중요한 것은 영양성분, 곧 단백질 함유량이다. 사회
학자 클로드 피슐러가 진행한 최근의 조사2008에 따르면 이탈리아와 프랑
스에서 잘 먹는다는 개념을 쾌락과 화기애애한 분위기, 식품의 산지와 연

결시키는 반면 영국에서는 영양분과 비타민, 약으로서의 식품에 연결한다는 사실을 보여주었다. 또한 프랑스인들은 alimentation(음식 섭취, 음식, 식료품 – 옮긴이)이라는 단어를 요리 용어라고 생각하는 반면 영미권 사람들은 이를 영양물이나 식품이라고 정의한다. 이러한 차이가 생겨나는 데에 프랑스나 이탈리아의 풍요롭고 각양각색인 식품 산지가 북유럽에는 없었다는 지리적 조건을 무시할 수는 없으나, 종파의 차이가 주목할 만한 역할을 했던 것으로 보인다. '프렌치 파라독스'와 '지중해식 식단'에 대한 도덕적·종교적 가치판단이야말로 이를 뒷받침한다. 20세기 말에 영국 연구자들이 정립한 이 두 가지 개념은 심혈관질환에 걸릴 위험을 크게 줄여준다고 알려진 두 종류의 식단을 가리킨다.

그러나 프랑스 남서부에서 만들어진 식단인 '프렌치 파라독스'는 포도주와 고기조림, 거위간, 긴 식사 시간이 특징적인 반면 '지중해식 식단'은 크레타섬과 관련된 식단으로 과일과 채소, 올리브유, 생선이 주를 이룬다. 지중해식 식단이 소식과 식물성에 관련된 온갖 효능으로 점철된 반면, 프렌치 파라독스라는 단어는 맛있는 음식을 내키는 대로 먹어도 좋은 건강으로 보상을 받는 식습관에 대한 도덕적 비난을 보여주는 것 같다. 북유럽의 프로테스탄트식 식사가 위생과 영양, 개인적 식사에 초점을 맞추는 데 비해, 남유럽의 가톨릭식 식사는 다 함께 음식을 나눠 먹는 데서 오는 미각적 쾌락을 중시한다. 여기서 타자의 요리에 대한 고정관념과 가치판단을 넘어서서 인정해야 하는 사실이 있다. 식사에 대한 남유럽과 북유럽의 이처럼 상이한 접근방식은 종교개혁의 충돌로 탄생한 종파적 국경을 따르고 있다는 사실이다. 이를 통해 우리는 가톨릭윤리와 미각적 쾌락 사이에 모종의 연관성이 존재하지 않을지 질문을 던지게 된다.

가톨릭 사회가 음탕하다고?:

근세 가톨릭 성직자들은 맛있는 음식과 관련하여 명성이 자자했을 뿐 아니라, 종교 공동체들이 직접 양질의 식품과 특산품 생산에 참여하기도 했다. 정원 일은 좋은 목회자에게 걸맞은 일로 여겨지기도 했던 만큼, 트리엔트 공의회1545~1563 이후 발표된 성직자 예의범절 개론서에는 약초와 꽃의 증류, 잼이나 과일 설탕 조림의 제조와 같은 교양 있는 수작업이 성직자의 신분과 양립 가능하다고 나와 있다. 정원과 경작지를 가진 수도원에서는 수작업이나 설탕, 계란, 밀가루의 사용도 전혀 규율로 금지하지 않았다. 그러다 보니 종교 공동체는 과일과 채소뿐 아니라 짜거나 단 과자, 치즈, 맥주, 포도주, 리큐어의 생산으로 명성을 얻게 되었다. 포아시의 꽈배기 설탕, 모레의 보리설탕, 리옹의 오렌지꽃 마멀레이드, 엑상프로방스의 속을 채운 올리브, 파리의 아몬드케익 그리고 리프파이에 쓰이는 흰 감초 뿌리즙……. 종교개혁에 저항하는 가톨릭 대항개혁파 성직자들이 만든 이 풍미 가득한 과자들은 그리모 드 라 레이니에르가 《미식가 연감》1803~1812 에서 프랑스 대혁명 전날, 향수에 젖은 채로 여러 권에 걸쳐 언급하는 과자들이다.

　　가톨릭교회의 핵심적인 역할을 하나 더 강조하자면, 초콜릿을 '발명'하고 이를 유럽에 전파한 것이다. 사탕수수 설탕에 아즈텍의 쓸쓸한 카카오를 첨가하는 아이디어, 서양인의 입맛을 정복하는 일을 가능하게 해준 이 아이디어는 멕시코 오악사카의 카르멜회 공동체에서 나온 것으로 보통 알려져 있다. 초콜릿은 한때 '오악사카의 진미'라고 불렸으니 말이다. 카카오콩은 1528년 메르세드 수도회 선교사 올메도에 의해 처음으로 스페인에 들어왔으며, 스페인의 황금기에 종교 공동체의 조직망을 통해 전파되었다. 초콜릿을 이탈리아에 널리 퍼뜨리는 데에 움브리아와 토스카나, 베네치아의 프란체스코회 공동체와 스페인 프란체스코회 공동체 사이의 관계가 큰 공헌을 했으며, 1624년부터 독일 신학자 조안 프란츠 라우쉬는 초콜릿의 섭취는 성욕을 자극하기 때문에 수도원 내부에 무질서를 낳는다고 비난했다.

근세의 가톨릭 설교자들에게 탐식의 죄는 성욕이나 특히 인색에 비해 이차적인 공격 대상이었다. 그러나 식사의 쾌락을 거부하는 행위가 가톨릭 세계에서 완전히 생소한 경우는 아니었다. 르네상스에서부터 19세기 초까지, 가톨릭 세계에서도 맛있는 음식에 적대적이고 엄격한 분위기가 근세를 관통했다. 미식 애호가 루이 15세가 고급스러운 저녁식사를 즐기던 시대에 사제 로랑-조셉 코사르^{1753~1802}는 탐식을 규탄했다. "탐식은 맛있는 음식을 향한 사랑이며, 입맛에 맞는 전부를 탐욕스럽게 찾게 만드는 관능적 쾌락인데, 우아한 탐식은 일정한 사회적 지위를 지닌 사람만 누릴 수 있는 것이라며 사람들은 그것을 전혀 부끄러워하지 않는다. (……) 인간은 감각적 쾌락을 위해 만들어졌던가?"

프랑스에서 새로운 요리법이 만들어지고 있던 한편, 포트 로얄 수녀원은 식사습관에서 귀감이 되는 존재가 되었다. 수녀들은 사순절 식사 규칙을 항시 준수했으며 육식은 엄격하게 금지했다. 이들은 수프나 샐러드 형태의 채소와 과일, 계란과 소량의 생선만 먹었다. 사순절 동안에는 저녁 6시 이전에 마시거나 먹는 것이 금지되었으며 유일한 식사는 수프 한 그릇과 '풀뿌리', 서양인들이 생각하기에 가장 형편없는 채소와 물뿐이었다. 겨울에는 식당에 난방조차 되지 않았다. 식사 시간 동안에는 의무적으로 침묵을 지켰으며, 소리 높여 낭독하는 신약 구절에 젖어들었다. 또한 랑세 수

〈굴을 곁들인 오찬〉
장 프랑수아 드 트루아, 1735, 콩데 미술관, 파리
상류층 가톨릭교도들의 식사에서 나타나는 감각적 쾌락

도원장1626~1700의 엄격한 개혁을 통해 교화된 트라피스트 수도사들은 침묵을 계율로 삼으며 고기, 생선, 계란, 흰 빵, 포도주가 제외된 무척 엄격한 식단을 준수했다. 나폴리 사람 엔리코 다 산바르톨로메오 델 가우디오 신부가 쓴 논설《영성의 조각가》1644에서는 입에 잘 맞는 모든 맛을 거부함으로써, 금식과 절식이라는 기독교의 이상에 식욕을 절제하는 행위를 추가시켰다.

안트베르펜의 예수회 수도사 레오나드 레시우스는 간소한 삶의 신봉자로 "입과 위장의 노예가 되는 것보다 더 수치스러운 일이 있겠는가?"라는 질문을 던졌다. 식욕의 유혹에 맞서 영리해질 줄 알아야 하고, 먹음직스런 고기를 보거나 냄새 맡는 일도 피하며 금방이면 알게 될 그 고약한 냄새와 구역질 나는 모습을 상상하여 요리에서 고개를 돌려야 한다. 바로 이것이 레시우스가 라틴어로 쓴 자신의 짧은 논설에서 성직자와 세속의 상류층에게 전한 가르침이다. 이 책은 1617년에 안트베르펜에서 처음으로 출간되었고 이후 프랑스어로 번역되었으며, 간소한 삶의 또 다른 주창자인 베네치아인 코르나로의 작품《검소한 삶에 관한 담화》1558과 비견되었다.

교훈적인 가톨릭 문학에서는 첫머리에 성자와 복자屬者의 식사고행을 인용했다. 이들이 회개하는 이야기에서 금식과 절식은 반복적으로 등장하는 주제였다. 열네 살 무렵에 신의 부름을 들은 세자르 드 뷔스 1544~1607는 사순절 내내 금식하기로 결심하며, 잔프랑수아즈 드 샹탈은 1601년에 남편이 급사한 후 매주 금요일과 토요일마다 금식을 한다. 잔프랑수아즈 드 샹탈처럼 좋아하지 않는 음식을 택하거나 뱅상 드 폴처럼 쓴맛의 재료를 요리에 첨가하거나 심지어 아네스 드 제쥐처럼 더러운 재료를 넣는 행위는 성인이 되기 위한 식사고행의 다양한 방법 중 일부였다. 갈색 빵이나 건더기가 없는 걸쭉한 죽, 순무 등 가난한 이들의 음식은 먹지만 고기, 너무 고급스러운 수프 등 권력자의 음식을 거부하는 행위 역시 개심의 증거였다. 예수회 수도사 앙투안 보셰는 영국의 선교사이자 복자인 쥘리앙 모누아가 "가장 호화로운 식탁에 앉아 가장 고급스러운 음식을 맞이할 때보다 어떤 농민의 집에서 나온 검은 밀 갈레트에 더 만족하는" 모습을 묘사한다.《완벽한 선교사 또는 R.P. 쥘리앙 모누아의 인생》, 1697

간소한 식사를 하고 고급스러운 요리를 거부함으로써 일상적인 음식에서 "우리가 되찾아야 하는 진정한 맛과 진정한 기쁨"레시우스, 1617, 곧 창세기에 나오는 진실한 맛과 기쁨을 되찾을 수 있다. 실제로 중세의 성인 전기와 앙시앵 레짐의 교훈적 일화에 등장하는 식사 습관 사이에는 일종의 연속성이 존재하지만, 17세기와 18세기 사람들은 사회적 유용성과 공공의 이익 추구에 더 중점을 두었으며 식욕을 절제하는 행위, 더 나아가 식사를 거부하는 행위는 성인聖人의 징표가 아니라 일종의 질병으로 여겨지게 되었다.

금식의 규율이 느슨해지다 :

가톨릭 사회에서도 인문주의자와 프로테스탄트가 금식에 대해 퍼붓는 비난이 합당하다는 사실을 알고 있었다. 리옹의 설교사 장 베네딕티처럼 "수많은 가톨릭식 금식이란 쾌락주의자의 금식이다"《죄와 그 구제책의 전서》, 1600라고 인정하기도 했다. 이론적으로 금식일에는 하루에 식사를 한 번만 해야 하지만 실제로는 콜레이션을 두 번째 식사처럼 먹었다. 콜레이션은 빵, 물, 포도주, 과일 등으로 간소해야 하지만, 대개는 달콤한 과자들을 먹을 수 있는 좋은 기회가 되었다. 예를 들어 토농의 성모방문회 수녀들은 1725

《초콜릿 음료를 준비하는 여자》
장 에티엔 리오타르, 18세기, 드레스덴 미술관, 독일

년 성탄절 전야에 아티초크나 감자, 완두콩 수프만 먹으며 글자 그대로 금식일을 지켰지만 밤에는 웨하스와 과일 설탕 조림으로 이뤄진 콜레이션으로 배를 채웠다. 설탕은 약이라기보다는 점점 사교계의 음식으로 여겨졌지만 중세적 관용론에 힘입어 여전히 금식일에 허용되었다. 로마의 의학자 파올로 자치아의 증언을 들어보자. "금식기간 동안 식사를 시작할 때에는 꿀과, 심지어는 설탕으로 조미를 한 음식을 먹는 게 관습이다."《사순절 식사》. 1636 의학교수 니콜라 앙드리 역시 《사순절 음식 개론》1713에서 "식사 중에 설탕을 먹는 것도 모자라 온갖 종류의 단 과자를 몸에 지녀 언제든 먹을 수 있도록 한다"라고 지적한다.

가톨릭 사회에서 금식의 규율이 느슨해진 것은 여러 종류의 개인적·집단적 면제를 해주었기 때문이다. 21세 이하 아동과 청소년, 임산부, 모유수유 중인 여성, 노인 그리고 기준이 모호해 악용되기 쉬운 병자 등의 부류가 면제의 대상이었다. "첫 번째 사람은 병에 걸려서, 두 번째 사람은 병에 걸렸었기 때문에, 세 번째 사람은 병에 걸릴까 봐 금식을 하지 않는다고 한다." 브리야 사바랭. 1826 파스칼1623~1662은 예수회의 윤리가 태만해졌음을 비방하기 위해 《시골친구에게 보내는 편지》다섯 번째 편에서 가톨릭에서 너그러이 승인한 금식 타협안을 예로 들고 있다. 이는 예수회 수도사 안토니오 데 에스코바르 이 멘도자1589~1669가 작성한 《해결된 양심의 문제 모음집》이라는 결의론(양심의 문제를 이성과 기독교 교리에 따라 해결하려는 이론−옮긴이) 개론서에 기초하고 있다.

그가 말했다. "금식 규율을 어기지 않은 채로, 원하는 때면 언제든 포도주를 양껏 마실 수 있도록 목록에 추가해야겠군요." 나는 그에게 말했다. "에스코바르, 당신은 교양 있는 신사이군요." 그러자 신부가 덧붙였다. "모두가 그를 좋아하죠. 어찌나 재치 있는지 모르겠어요."

프랑스 사제 베르토 베르탱은 중세적 방임주의의 또 다른 예를 보여준다. 교부들의 입장과는 반대로, 단지 맛있는 음식을 즐기는 쾌락을 좇는 것은 죄가 될 수 없다는 입장이다. 《고해신부들의 교리문답서》, 1634

금식과 초콜릿:

초콜릿을 섭취한다면 성찬금식의 규율을 어기는 걸까? 이런 질문이 바로 17세기의 가열찬 종교논쟁의 시초일 것이다. 초콜릿 역시 물이나 맥주, 포도주처럼 갈증을 없애기 위해 용인되는 평범한 음료인지, 아니면 영양이 풍부하고 성욕을 자극하는 금지된 식품인지를 결정하는 것이 논쟁의 목적이었다. 실제로 초콜릿의 성질을 엄밀하게 규정하는 데에 있어 의사들과 가톨릭 성직자, 도덕론자들의 의견은 양분되었다. 서양에서는 초콜릿이라는 신세계의 음료를 관능과 성욕, 쾌감의 이미지에 연관시키며 환상을 품었기 때문이다. 게다가 스페인에서는 카카오에 물이나 우유, 설탕, 헤이즐넛 또는 아몬드가루나 바닐라, 계피 혹은 계란까지 넣어 진하고 맛있는 초콜릿을 만들었다. 초콜릿의 성질을 둘러싼 논쟁은 스페인과 대서양 주변 유럽국가에서, 특히 수도 성직자와 재속 성직자 모두에게 초콜릿의 인기가 날로 높아졌다는 사실을 입증하며 가톨릭 사회의 민감한 문제, 즉 금식일에 미각적 쾌락이 차지하고 있는 위치를 다시 질문하게끔 했다.
13세기에 음료의 섭취는 금식의 규율을 어기는 것이 아니라고 공언한 토마스 아퀴나스의 권위에 힘입어, 톨레도의 신학자 토마스 우르타도

1570~1649나 예수회 신부 안토니오 데 에스코바르 이 멘도자 같은 양심 문제의 전문 성직자들은 다음 경우에는 금식기간에 초콜릿을 섭취할 수 있다고 했다. 죄의 중대함을 판단하는 가장 핵심적인 개념은 바로 의도이기에, 먹는 사람의 의도가 초콜릿으로 영양을 취하거나 종교적 금기를 어기는 것이 아닌 경우, 적당히 절제하여 마시는 경우, 우유나 향신료나 계란을 넣지 않고 물만 넣은 초콜릿을 마시는 경우, 의학적인 이유로 초콜릿을 마시는 경우는 인정했다. 그 덕분에 신도들은 금식이 지닌 종교적 취지에 흠을 내지 않고 초콜릿을 마실 수 있었다.

　나폴리의 추기경 프란체스코 마리아 브란카치오1592~1675는 자신의 저서 《초콜릿 음료 장광설》로마. 1664에서 초콜릿은 음료에 불과하다는 교회의 공식적인 입장을 밝히기도 했다. 《웨스트인디아의 새로운 관계》의 저자이자 도미니크회 선교사인 토마스 게이지1603?~1656는 멕시코 뉴스페인 치아파스에서, 신대륙 태생의 상류사회 백인 여성들은 위가 약하기 때문에 성무일과 중에 핫초콜릿을 한 잔씩 마셔야 한다고 주장했다. 이 여성들처럼, 구대륙에서도 위를 튼튼하게 하기 위해 초콜릿을 공공연하게 마셨다. 의학이 식탐을 위해 이용되었다고 얘기할 수도 있을 것이다.

　서양의 의학적 견해에 따르면 초콜릿은 놀라울 정도로 영양가가 풍부한 이국적인 식품이었다. 의사들은 초콜릿의 치료 효능과 영양학적 가치에 대해 논쟁했다. 16세기 말부터 후안 데 카르데나스1563~1610?는 "제대로 된 신학과 의학의 규정에 따르면" 초콜릿 섭취는 금식규율을 완전히 어기는 행위라고 주장했다. 40년 후 세비야의 의사 가스파르 칼데라 데 에레디아1591~1663 역시 신성한 성찬 전에 초콜릿을 마신다는 것은 말도 안 된다며 비슷한 결론을 내렸다. 실제로 초콜릿의 성질을 엄밀하게 규정하는 데에 있어 의사들과 가톨릭 성직자, 도덕론자들의 의견은 양분되었다.

취기醉氣, 탐식의 진정한 죄:

식사의 쾌락에 대한 교회의 입장은 방임주의와 엄격주의 사이에서 흔들리는 것처럼 보였다. 이는 무엇보다도 '탐식'이 지닌 의미에 달려 있었다. 가톨릭 대항개혁 세력은 특히 취기와 게걸스러움, 단정치 못한 옷차림을 포함한 탐식에 맞서 싸웠다. '고해신부들의 신학'1757이라는 만진 수도원장의 제4차회의는 탐식을 주제로 했는데, 탐식이라는 죄를 정의하는 것에서부터 시작했다. 탐식은 '일반적으로 다섯 가지 악영향이 뒤따르므로' 중대한 죄라고 설명했으며, 악영향의 공통적인 원인은 바로 '취기'라고 비난했다. 가톨릭 성직자들에게 있어 탐식이라는 재료는 특히 앙시앵 레짐 마지막 두세기의 골칫거리이던 '취기'를 비난할 기회였다.

시골의 상스러운 사람들이 성사를 받을 수 있도록 도와주기 위해 카트린 비예 드 빌리1682~1758가 작성한 지도서1747는 정식으로 주교의 승인을 받았는데, 여기에서 저자는 "가장 위험하고 가장 수치스러운 탐식의 형태는 바로 취기이다. 취기란 지나치게 마셔서 이성을 잃는 일을 뜻한다"고 강조하며 가톨릭교회의 입장을 완벽하게 정리했다. 그는 탐식의 죄를 정의하는 것으로 시작해 이를 구체적으로 적용하여 '취기'만이 죄에 해당된다는 견해를 내놓았다. 왜냐하면 "취기는 시골에서 가장 흔하게 자행되는 악덕이자 사람들이 양심의 가책을 가장 덜 느끼는 악덕이기 때문이다. 탐식이 사람을 취기로 인도한다고 할 수 있다." 지나친 음주는 언어권주가, 외설적인 말나 행동음란한 제스처, 혼외정사을 통한 부도덕한 행위를 유발할 수 있기에 강하게 비난받았다. '탐식'은 물론 십계명에는 나와 있지 않지만, 십계명의

Pro omnibus bibo

〈나는 모두를 위해 마시겠소〉
프랑스의 반가톨릭주의 풍자삽화, 19세기 초

세 가지 금기를 위반하도록 유도할 수 있기 때문에 중대한 죄가 된다. 세 가지 금기란 네 번째 계율_{안식일을 기억하여 거룩하게 지켜라},—사람들이 휴일을 선술집에서 보내지 않게 하기 위한 교회의 투쟁을 엿볼 수 있다—일곱 번째 계율_{간음해서는 안 된다}, 열 번째 계율_{이웃의 아내나 남종이나 여종, 소나 나귀 할 것 없이 이웃의 소유는 무엇이든 탐내서는 안 된다}을 뜻한다.

가톨릭교회는 미각의 쾌락을 죄악으로 여기지 않는다:

취기를 엄격하게 비난함에 따라, 식도락이라는 의미로 이해되는 구르망디즈에 대한 호의는 강조될 수밖에 없었다. 가톨릭 사회 내부에서 술에 취한 사제와 수도사들의 추문에 맞서 가톨릭교회가 싸우고 있는 것은 사실이었으나, 미식 애호가들에 대해서는 그렇지 않았다. 먹고 마시는 쾌락으로 말미암아 외설적이며 무절제하고 방탕한 행동을 저지르지만 않는다면, 미각의 쾌락은 나쁘지 않다는 것이었다.

　　미각의 쾌락은 신이 바라신 것이기에 이러한 애호 역시 정당하고 이치에 맞다는 것이다. 기독교의 섭리주의는 탐식의 죄가 지니고 있던 심각성을 매우 약화시켰다. 신학박사인 장 퐁타스^{1638~1728}의 저서 《양심의 문제 사전》¹⁷¹⁵은 18세기에 여러 번 재판된 양심의 문제 모음집이다. 이 책에서 장 퐁타스가 해결한 문제 하나는 가톨릭교회의 타협적인 입장을 보여준다. "시도니우스^{가상인물}는 배가 꽉 찰 때까지 먹고 마시는 습관이 있다. 그의 이런 습관은 보통 고기와 포도주가 가져다주는 기쁨을 맛보기 위해서이다. 건강을 해칠 정도로 지나치게 먹고 마시지 않았다면 그는 죄를 저지른 것일까?" 퐁타스는 기독교의 신성한 섭리를 내세우고, 식사에 관련된 절대적인 금기는 없다는 논리로 시도니우스를 변호한다.

"먹고 마시는 것 자체를 목적으로 삼지 않고, 몸의 기운을 되찾고 건강을 유지하기 위해서만 먹고 마신다면, 어떠한 죄도 저지르지 않고 신께서 먹고 마시는 행위에 부여한 기쁨을 스스로 느낄 수 있기 때문이다."

인간이 느끼는 미각의 쾌락은, 인간으로 하여금 음식물을 먹고 기운을 되찾아 생명을 유지하도록 하기 위해 신이 바란 것임이 틀림없다. 작가 베르나르댕 드 생피에르는 멜론에 그어진 하얀 줄은 가족이 멜론을 나누어 먹게 하기 위해 만들어진 것처럼, 식욕과 미각적 쾌락이라는 섭리는 본능적인 신체적 욕구와 '번식하고 번성하여라'라는 신성한 명령에 부응하는 셈이라고 했다.《자연 연구》. 1784 예수회 신부 뱅상 우드리1630~1729가 저술한 내용도 이와 유사하다.

"자연은 우리가 필수적으로 음식물을 섭취하면서 생명을 유지해야 하게끔 했다. 의심할 여지없이 우리는 이에 복종할 수밖에 없다. 또한 음식물의 섭취는 미각의 쾌락과 연관되어 있는데, 미각의 쾌락이 없었다면 약을 먹을 때 느끼는 혐오감을 음식을 먹을 때에도 느꼈을 터이다."

이미 중세 신학자인 토마스 아퀴나스의 저서에 등장했던 의견으로, 이 같은 입장은 미각의 쾌락을 죄악시하지 않게 하는 데에 크나큰 공헌을 했다. "자연의 선물을 가장 완벽하게 이용할 줄 아는 것보다도 그 선물을 즐기는 것이, 우리에게 이토록 많은 재화를 주는 관대한 주인에게 경의를 표하는 행동이 아닌가?"《궁중과 부르주아의 요리》1691에서 익명의 서문

집필자는 섭리주의, 그리고 기독교식 예절규범에 따른 식사매너를 가지고 자신의 주장을 뒷받침하면서 프랑스 상류층의 맛있는 음식에 대한 애정을 정당화한다. 가톨릭 사회에서 미각의 쾌락을 죄악으로 여기는 근거는 바로 '탐식'의 모호성이었다.

고해 입문서에서는 구르망디즈의 여러 가지 의미 중 하나만 골라서, 미식 애호가의 교양을 비난하지 않은 채 모든 불명예를 '걸신들린 대식가'와 '취기'에 던져버리기에 이르렀다. 고해신부들은 미각적 쾌락을 교양 있게 즐길 수 있다는 사실을 인정하며 금육을 언급하기를 피하고, 금식일에 콜레이션을 두 번째 식사처럼 먹는 것을 문제 삼지 않았다. 그러나 미각적 쾌락을 좇는 것만이 식사의 유일한 목적이거나 도를 넘어 필요 이상으로 먹는다면 죄를 지을 수도 있었다. 수많은 성직자가 미각적 쾌락에 대해 타협적인 입장을 취하면서 '필요한 양'이라는 굉장히 모호한 개념을 이용했다. 가톨릭교회에서 요리와 음료의 질과 양은 식사하는 이의 출생과 신분, 사회적 지위를 반영해야 한다고 인정했기 때문이다.

성직자들이 '너무 도를 넘어서는 식사'를 해서는 안 되며 '너무 화려하고 너무 세련된' 요리나 음료를 먹고 마실 때는 탐식의 죄를 범하는 것이라고 규정되어 있었으나, 이는 고해신부의 권한에 달린 일이었다. 요컨대 고해신부가 회개자의 나이나 성별, 사회적 지위에 따라 '너무'라는 부사를 어떻게 해석하느냐에 따라 달라진다는 이야기였다. 바로 여기서 결의론의 굉장히 교묘한 수사학이 등장하는 것이다. 가톨릭교회는 음식물에 관해 준수해야 할 규칙의 존재를 규정과 금기사항을 통해 여러 대에 걸쳐 신도들에게 주입시켰다. 교회는 거부할 수 없는 교육적 권력이자 도덕적 권위로서 당대의 수많은 예의범절에 족적을 남겼다. 그리스도의 식사 장면에서부터 수도사들의 공동 식사에 이르기까지, 교회는 식사하는 순간을 사람들 사이의 사회적 교류의 장으로 만들었다.

식사 사이에 간식 먹기, 몰래 먹기, 게걸스럽게 먹기 등이 비난받는 만큼이나 나눔과 화기애애한 분위기 그리고 '좋은 매너'는 높이 평가받았다. 달리 말하자면 미각의 쾌락은 교양 있는 식사의 범위 안에서는 정당한 존재였다. 교회의 가르침은 말 그대로 사람들을 미식법으로 안내했다. 제대로 된 식사 예절과 화기애애한 분위기를 필두로 한 몇 가지 규칙을 준수할 때에만 미각적 쾌락은 용인될 수 있는 것이다. 미각적 쾌락을 비난하지 않고 절제와 식사 예절에 찬사를 바치면서, 가톨릭교회는 걸신들린 대식가를 힐난하고 미식 애호가를 높이 사는 '식욕의 문명화 과정'으로 서양 상류층을 이끌었다.

〈채소와 과일 파는 상인〉
루이즈 모이용, 1630, 루브르 박물관, 파리

미식 애호가의 전성시대

"선량한 사람들이여, 알아두세요. 당신의 아이들이 커다란 식탁에 한 줄로 앉아 코를 흘리며 턱에 기름을 잔뜩 묻힌 채로 이것저것 손가락으로 집어먹는 모습을 보는 것만큼 끔찍한 일은 없다는 것을."

쿨랑주, 《가사 선집》, 〈집안의 가장에게〉, 1694

미식 애호가의
전성시대

앞쪽에 실린 그림 〈채소와 과일 파는 상인〉의 배경에는 접시 위에서 졸고 있는 고양이 한 마리가 보인다. 고양이는 상인과 상류 계급 여성의 흥정에 전혀 신경 쓰지 않는 눈치이다. 배가 부른 고양이가 자는 모습은 '탐식'의 죄를 상징하는 듯하다. 이 그림에는 식탐에 이끌려 행동하는 손님들을 속일 수많은 위험 요소가 있다. 상인의 회피하는 시선은 그녀가 부정직하게 장사를 하고 있음을 보여주며, 화면의 중앙에 보이는 사과 바구니 속에 담긴 벌레 먹은 과일은 신선도가 떨어지는 것을 숨기고자 함을 나타낸다. 그러나 손님은 이에 아랑곳하지 않고 평온한 얼굴로 다양하게 담아놓은 과일을 손으로 일일이 골라 함정을 피해가고 있다. 질 좋은 과일을 고를 줄 아는 '고급스러운 입맛'을 지닌 손님은 미식 애호가라는 우아한 세계에 속한 사람이다. 이 손님은 제철과일을 알아보는 법과 그 과일의 섬세한 맛, 향기로운 과즙, 잘 익은 과일을 평가하는 법을 배운 사람이다. 16~17세기의 서양화에서 과일은 보통 미각을 상징했으며, 좋은 가문에서 태어난 이는 부정직한 상인이나 도를 넘어선 식욕에 휘둘리지 않는다는 메시지를 전한다. 교육을 받았기에 평온과 품위를 고수하면서 충동적인 행동을 조절할 줄 안다는 것이다. 상류층의 사회적 우수성을 표현하는 동시에 당시 장점이 되기도 한 긍정적 의미의 '식도락'은 루이 13세 시대 때부터 프랑스 문화에 통합되었다.

식도락의 등장 :

교양 있는 식도락은 17세기부터 프랑스 문화모델의 주요한 구성요소로 자리 잡기 시작했지만, 이러한 개념은 프랑스가 아니라 이탈리아에서 탄생했을 가능성이 훨씬 크다. 이미 15~16세기에 이탈리아의 북부와 중부도시에서는 미식 예찬을 함께하는 식사 모임이 만들어졌다. 화가 안드레아 델 사르토가 속한 피렌체의 '콤파니아 델 파이울로'도 그런 식사 모임 중 하나로, 매번 식사 모임마다 구성원들은 각기 '놀라운 창의력을 발휘해 만든' 요리를 가져와야 했다. 미셸 드 몽테뉴1533~1592는 《수상록》에서 '언어의 허영됨'이라는 분명한 제목 아래 카를로 카라파 추기경1516~1561의 이탈리아 요리사와의 만남을 기록하고 있다. 이 장에서 몽테뉴는 맛좋은 음식에 대해 장광설을 늘어놓는 이탈리아인의 화법을 조롱한다.

"내가 그에게 자기 직책에 관하여 이야기해보라고 하자, 그는 마치 신학상의 큰 문제를 가지고 다루듯 장중하고 점잖은 태도로 요리의 학문에 관해서 이야기했다. 그는 식욕의 여러 가지 양상에 관해서 설명하며, 굶다가 먹을 때의 식욕, 두 번째와 세 번째에 내놓는 음식의 맛,

어느 때는 그저 입맛에 맞추는 법, 어느 때는 입맛을 돋우도록 자극을 주는 법 등을 언급했다. 그리고 소스 조리법에 대해서도 먼저 일반적인 방법을 말한 뒤, 그 재료의 성질과 효과를 분류하기도 했다. 그리고 계절에 따른 샐러드의 차이, 데워서 차려내야 하는 음식, 차게 차려내야하는 음식, 보기 좋게 만들기 위해서 장식하고 미화하는 방법 등을 설명했다. 그리고 이것은 마치 한 제국의 정치를 다루듯이 모두 장중한 말로 확대되어 표현되었다."

몽테뉴가 '이다지도 조예가 깊은' 요리사를 만나 느낀 놀라움은 미각의 쾌락을 이해하는 방식에서 이탈리아와 프랑스 상류층 사이에 존재하는 괴리를 드러낸다. 이들이 주고받은 대화를 옮겨놓은 것을 보면 이탈리아인은 미식을 마치 이론적인 지식과 각종 노하우, 섬세한 언어까지 한데 그러모은 자유로운 예술처럼 생각하고 있다. 게다가 이 이탈리아인 요리사는 이탈리아 시인 테오필로 폴렝고1496~1544의 《발두스》1517에서 시합의 마무리 연회를 준비하는 임무를 맡은 요리법의 박학자이며 '미각味覺 성서'의 신학자처럼 소개되는 요리사와 꽤나 닮지 않았는가.

폴렝고의 작품과 라블레1494?~1553의 작품을 비교한다면 몽테뉴가 이야기한 일화에서 느껴지는, 근세 초 프랑스와 이탈리아 미식법의 감성 차이를 더 확연히 느낄 수 있을 것이다. 라블레는 특유의 능변으로 독자가 물릴 때까지 온갖 음식의 이름을 나열하기를 즐기지만, 폴렝고는 조리 과정을 세세하게 묘사하기를 즐긴다. 프랑수아 라블레가 테오필로 폴렝고의 작품을 읽은 적이 있다는 사실은 이 차이를 더 의미심장하게 만든다. 그렇지만 프랑스의 수도원장 디디에 크리스톨은 이탈리아 인문주의자 바르톨로메오 사치의 매우 유명한 요리개론서이자 영양학 서적 《절도를 지키는 기쁨》1473~1475을 프랑스어로 번역하고 각색하여 1505년에 《미각》이라는 제목으로 재출간했다. 1586년까지 계속 재판된 《미각》은 미식을 사회적 품위가 있는 주제이자 맛있는 음식을 즐기는 쾌락의 재발견으로 보는 이탈리아의 견해를 프랑스 요리 문학에 끌어들였다. 그럼에도 맛있는 음식과 좋은 포도주 애호가가 긍정적인 이미지로 자리 잡기까지는 백 년을 족히 기다려야 했다. '탐식'이 프랑스에서 새로운 모습으로 탈바꿈하는 시기가 늦어졌던 것은 종교전쟁 때문인 듯하다.

미식 애호가의 탄생:

프랑스의 문인이자 어휘 연구가 앙투안 퓌르티에르1620~1688에게 '프리앙friand'이라는 단어는 남성이든 여성이든 '섬세하고 조미가 잘 된 음식을 좋아하는 사람'을 가리키는 호의적인 형용사였다. 이러한 정의는 다음의 두 가지 예에서 잘 드러난다. "미식을 좋아하는 사람프리앙은 질 좋은 식사를 추구하고, 제대로 된 미식 애호가구르메는 훌륭한 입맛을 가져야 한다." 《백과사전》, 1690 퓌르티에르는 '프리앙'과 '구르메' 간의 어휘적 유사성을 인정했으나, 아직도 구르메라는 단어는 주로 포도주의 세계에만 한정되고 있었다. 포도주 전문가외놀로그œnologue의 시조격인 구르메는 중세부터 포도주의 질을 평가하는 전문가를 가리키는 단어로 사용되었다.

한편 '프리앙디즈friandise'는 단순히 쾌락을 위해 식사 시간 외에 먹는 짜고 단 맛의 음식을 가리켰다. 17세기에는 '코토coteau'라는 단어도 '미식 애호가'라는 의미로 사용되었다. 1665년에 클로드 데샹, 일명 빌리에 씨1600?~1681는 《미식 애호가들코토 혹은 미식을 좋아하는프리앙 후작》이라는 제목의 1막 희극에서 미식 애호가를 주제로 하고 있다. 미식을 좋아하는 후작 중 한 명인 발레르의 긴 독백에서 저자는 '코토'라는 단어가 지닌 '미식 애호'의 의미를 분명히 드러낸다.

> "맛있는 음식을 좋아하는 섬세한 사람들,
> 무엇이 맛있는 음식인지 아는 이들은 경험을 통해
> 프랑스에서 가장 믿을 만한 최고의 입맛을 갖게 되었다.
> 오늘날의 미식 애호가프리앙들이란 정예 중 정예이다.
> 사냥한 고기를 보며 그 냄새에 대해 얘기하고,
> 어느 지방에서 온 것인지 얘기한다. 가히 존경할 만하구나.
> 이들의 섬세한 미각. 진미의 진정한 애호가.
> 이들을 '그 이름에 걸맞은 주인'이라 불러도 될 것이다.
> 모든 미식 애호가코토들은 어디서 훌륭한 포도주가 나는지 아는데,
> 미각을 통해 이 같은 기술을 얻게 되었다.
> 프랑스에서는 이들을 '코토'라는 위대한 이름으로 부른다." (13장)

'코토'라는 단어가 확실한 성공을 거둠에 따라 프랑스의 위대한 17세기에 작가들은 대부분 이 단어를 사용했다. 일례로 라브뤼예르1645~1696는 《성격론》에서 "귀족들은 자신의 일에 대해서는 하나 아는 것도 없이 직무는 소홀히 하면서 미식을 사랑하고구르메 진미를 찾는코토 데만 열중한다"라고 적었다. 부알로1636~1711는 《괴상한 식사》에서 '스스로 미식 애호가코토 수도회의 서원수도사라 칭하는 (……) 굶주린 허풍선이'를 식사에 초대한다.

108

당시 여전히 경멸적인 의미를 지녔던 '구르망'이라는 단어 대신 '프리앙' '구르메' '코토'라는 단어는 미식 애호가라는 긍정적 의미를 전달할 수 있었던 것이다. 《리슐레 사전》1680에 따르면 '프리앙'이라는 형용사는 '맛있는 것을 먹기 좋아하는' 사람을 지칭한 반면, '구르망디즈'는 '탐식'이며 '가벼운 죄의 일종'이라고 정의했다. 《퓌르티에르 사전》에서는 '구르망'을 '탐욕스럽게 지나칠 정도로 먹는 사람'이라고 정의했으며, 아카데미 사전1694 에서는 '게걸스럽게 아귀처럼 먹는 사람'이라고 정의했다. 다음 세기에 나온 디드로와 달랑베르의 《백과전서》에서는 명사 구르망디즈와 형용사 구르망을 모두 동물계와 식물계에 연관시킨다.

"구르망gourmand: 1. 지나치게 탐욕스럽게 먹는 동물을 보통 가리킴. 2. 나무에서 흘러나오는 양분을 독점해버리는 가지를 가리킴. 이런 가지는 유의해서 쳐내야 함." 계몽주의 시대의 경향은 구르망디즈에 적대적인 모습을 보였다. 《백과전서》의 '요리'와 '조미하기' 편에서 루이 드 조쿠르1704~1780는 조미, 곧 요리의 맛을 끌어올리고 식욕을 돋우는 기술을 일종의 성욕이자 본성의 타락, 건강에 해로운 일시적인 변덕처럼 소개했다. 루이 세바스티앙 메르시에의 《파리 풍경》1781~1789에서 구르망이란 자기의 위장과 요리사의 노예처럼 사는 뚱뚱한 남자를 의미했다. 여기서 구르망은 여전히 대식가글루통glouton의 동의어이며 구르망디즈는 탐식gloutonnerie 의 동의어이다.

쾌락주의자 그리모 드 라 레니에르는 미식 애호가들을 대상으로 1803년에 파리 레스토랑 소개지 《미식가 연감》을 출판했다. 각 호의 권두 삽화에 붙은 제목들은 구르망이라는 단어를 가지고 진지한 표제를 패러디하여 일종의 도발적 효과를 노린 것으로, 이를테면 '식도락가구르망의 도서관', '식도락가의 회담', '맛을 보는 식도락가 위원회', '식도락가의 성찰', '식사 접대자의 첫 번째 의무', '식도락가의 꿈', '식도락가의 기상', '저녁식사의 가장 치명적인 적' 등이 그것이다.

그러나 앙시앵 레짐 마지막 두 세기 동안, 프랑스 상류층 생활방식의 가장 큰 특징은 쾌락을 목적으로 식사를 한다는 점이었다. 시간이 좀 더 흐르고서야 구르망디즈의 새로운 정의가 사전에 실렸다. 18세기 중반이 되자 루이 드 조쿠르는 《백과전서》의 '구르망디즈'라는 장에서 이 단어를 '맛있는 음식을 향한 세련되면서도 과도한 사랑'이라고 정의한다. 물론《백과전서》에도 구르망디즈에 대한 양면적인 감정이 공존했으나, 구르망디즈는 그저 음식에 대해 '과도할' 뿐인 '세련된 사랑'으로 소개되었다. '프리앙'이라는 단어가 인기를 끌었던 17세기에는 《퓌르티에르 사전》에서 구르망디즈는 '먹고 마시는 일에 대한 탐욕과 과도함'[1690]이라고 정의되었었는데 말이다.

교양 있는 식도락:

절제와 중용의 세계로 들어온 순간부터, 구르망디즈는 사회적 차별성의 상징이자 교육을 받은 증거가 되었다. 12~13세기에 등장한 식사 예절은 근세에 들어와 천천히 규범화되었다. 에라스뮈스의 《소년들의 예절론》은 여러 가지 상황에서 아이들에게 상황에 맞는 행동이란 무엇인지를 가르치며, 짧은 논설로 이뤄진 일곱 개의 장 중 가장 긴 네 장을 전부 식사 예절에 할애했다. 이 책은 1530년 스위스에서 라틴어로 출간되어 유럽에서 베스트셀러로 자리 잡았다. 1531년에는 독일어, 1532년에는 영어, 1537년에는 체코어, 1545년에는 이탈리아어, 1546년에는 네덜란드어로 번역되는 등 여러 번 간행되었으며, 스페인어로는 번역되지 않았지만 스페인의 수많은 교육서에 지대한 영향을 미쳤다. 그뿐만 아니라 아라곤의 인문주의자 후안 로렌초 팔미레노가 발렌시아의 세련되지 못한 학생을 위해 쓴 지침서《마을의 근면한 학생》1568, 호아킨 데 몰레스 신부의《기독교도 카토》같은 지침서류에도 영향을 주었다.

　　인문주의자들의 최고봉 에라스뮈스는 아리스토텔레스나 키케로 같은 고전문학이나 12~15세기의 중세 교육개론서, 속담이나 우화에서 소재를 얻어 사회에서 용인되는 행동거지를 규범화했다. "옆에 앉아 있는 사람을 팔꿈치로 건드리지 않게, 맞은편에 앉은 사람을 발로 건드리지 않게 조심하라." "제대로 앉지도 않고 음식에 계속 손을 대는 사람들이 있다. 이들은 이리나 대식가를 닮은 이들이다." "커다란 조각을 한 번에 꿀꺽 삼키는 것은 황새나 걸신들린 사람이 하는 짓이다." "또 어떤 이들은 음식을 씹으면서 입을 크게 벌리는데 돼지가 꿀꿀거리는 모습 같다." "접시에 남은 설탕이나 단 음식들을 혀로 남김없이 핥아먹는 모습은 사람이 아니라 고양이 같다." "사람은 개처럼 이빨로 고기를 뜯어먹지 않는다. 나이프로 발라먹는다."

　　아이들은 이리, 황새, 돼지, 고양이, 개 등 동물처럼 보일 수 있는 모든 행동을 자제해야 했다. 특히 게걸스러운 것으로 인식되는 식탐을 억눌러야 했다. 또한 에라스뮈스는 서양에서 최소한 5세기 동안 위력을 발휘한 고전 예법을 정립했다. 프랑스에서 17세기의 앙투안 드 쿠르탱이나 18세기의 장 바티스트 드 라 살 같은 저자들은 에라스뮈스가 정립한 예의를 다시 강조했다. 스스로 계속 조심하고, 식욕을 절제하며, 보기 좋지 않은 행동 머리를 긁거나, 이를 쑤시거나, 나이프로 장난치는 등을 자제하며 등을 곧게 펴고 앉아야 한다고 했다. 몸가짐은 특히 더 규범화되었다. 접시에 음식을 어떻게 덜

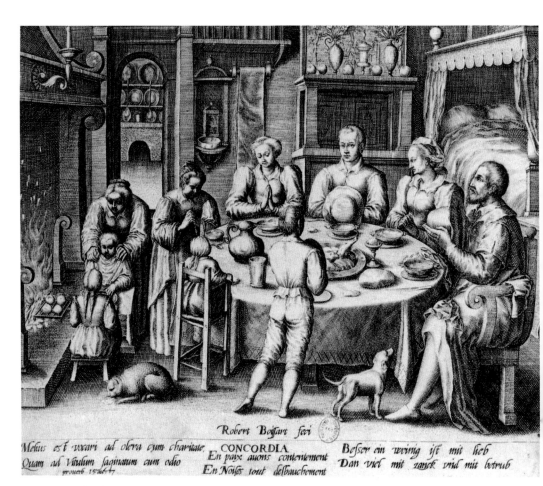

Melius est vocari ad olera cum charitate. CONCORDIA Besser ein wenig ist mit lieb
Quam ad Vitulum saginatum cum odio En paix auons contentement Dan viel mit zanck vnd mit betrub
prouerb 15 uel 17 En Noises tout desbauchement

⟨조화⟩
로베르 부아사르, 1590년경. 프랑스 국립도서관. 파리
마르탱 드 보스에 따르면 올바른 식사 예절은 가정의 화목을 보장한다.

고 잘라서 입으로 가져와야 하는지도 알아야 하며, 음식을 먹을 때는 삼키지 말고 씹어야 한다고 했다. 대화를 할 때도 마찬가지였다. 입에 음식을 넣은 채로 말을 해서는 안 되며, 몰상식하게 소리를 내서도 안 되고, 저속한 말은 하지 않아야 한다고 언급했다.

르네상스에서 계몽주의 시대에 이르기까지 교육학자들에게 있어 식사자리는 교양 있는 식도락을 가르치기 위해 필수적인 공간이었다. 식사자리를 통해 인문주의자들은 고대 연회가 지녔던 교육적 가치를 재발견했고, 근대 국가는 궁정의 메커니즘을 보여주었으며, 계몽주의 시대에 '삶의 즐거움'을 누렸던 사람들은 유쾌한 대화기법을 만끽했다. 《기독교도의 올바른 전통》 등 스페인의 예의범절서에서 주장하는 바처럼, 가톨릭교회도 함께하는 식사와 올바른 예절의 사회적 중요성을 강화했다. 고위 성직자 프랑수아 드 살이 정립한 독실한 삶의 이상에서는 "서로 간의 대화와 상호 호의를 유지하기 위해" 식사가 사교 활동으로서 지닌 의미를 강조했다. 물론 "자리에 앉는 그 즉시 먹을 것만 생각해서는 안 된다"고 덧붙였다.《독실한 삶의 입문서》. 1609 일명 '세 앙리'라 불리는 교리문답서프랑스. 1677는 신도들에게 "너무 많은 양의 고기를 먹음으로써 생겨나는 불결함과 지저분함에 대해" 경고했다.

음식을 몰래 먹거나 간식을 먹는 행위와는 달리, 절제된 식사는 교양 있는 식도락의 필수불가결한 조건으로 미각의 쾌락에 정당성을 부여했다. 교양 있는 식도락을 교육시키는 데 있어 식사 시간이 중요하다는 생각은 19세기의 부르주아 사회에도 그대로 이어졌다. 그러나 의사 가스파르 바쇼가 17세기 초반에 "배꼽시계와 식욕보다 더 좋은 시계는 없다"고 공언했듯이, 올바른 식사 예절과 의학적 견해는 완전히 대립되었다. 의학적 견해에 따르면 식욕을 느낄 때 음식을 먹어야 하는 반면, 식사 예절에 따르면 식사 시간이 식욕보다 먼저였다. 시곗바늘이 가리키는 보편적이고 기계적인 시간이 개인의 식욕이라는 개인적인 시간을 근본적으로 대체했던 것이다. 식사를 규범화하면서 식사의 종류점심. 콜레이션, 저녁, 간식, 야식는 특정한 음식과 시간, 사회적 기능에 연결되었는데, 이 같은 규범화는 식탐을 억누르면서 길들이는 역할을 했다. 손님들이 식탁에 앉자마자 음식에 달려드는 일을 방지하는 식사 기도 역시 식탐을 억누르는 방법의 일종이었다.

게걸스런 대식가:

게걸스런goinfre 대식가의 추한 모습은 식사 예절을 돋보이게 하는 역할을 했다. 신중함은 사람이라면 당연히 취해야하는 태도요, 이와 반대인 절제력 없는 식욕은 게걸스런 이의 행동으로 여겨졌다. 곧 상스럽고 저속하며 망나니 같고 짐승 같은 행동을 의미했다. 식사 예절은 손님들의 사회적 지위를 드러내는 역할을 했기 때문에, 지롤라모 치렐리가《정체를 드러낸 상스러운 사람》17세기 말에서 상스러운 사람은 '돼지처럼' 먹는다고 얘기한 것도 당연했다. 형용사로도 쓰이는 goinfre는 절차나 준비 과정, 예의범절이 전혀 없는 것을 가리킨다. 생 타망도 그의 시 〈베른〉1629에서 goin-fre를 '우아함이 전혀 없는 방식'이라고 규정지었다. 17세기 프랑스어에서 goinfre는 깔끔함에 반대되는 단어였다. 라브뤼예르의 글에서 그나통은 게걸스러운 대식가가 지닌 혐오스럽고 몰상식한 모습을 보여주는 전형적인 인물이다.

"그나통은 자신만을 위해 산다. 그는 식사할 때 한 자리에 앉는 것으

〈걸쭉한 죽을 먹는 사람들〉
야코프 요르단스, 1650, 카셀 미술관, 독일

로는 성에 차지 않는지 혼자서 두 자리를 차지한다. 식사는 동석한 모든 이를 위한 것이라는 사실을 잊어버리는지, 나오는 음식을 족족 다 제 것으로 하려 한다. 모든 음식을 한꺼번에 다 맛보고 싶어 하며, 음식은 손으로만 집어먹는다. 고기는 만지고 주물러서 모았다가 다시 찢어서 온통 너덜너덜하게 만든다. 고기를 먹고 싶은 다른 이들은 그가 먹다 남긴 고기를 먹어야 한다. 그는 가장 굶주린 이들의 식욕까지 사라지게 할 정도로 혐오스럽고 불결한 모든 습관을 다 갖췄다. 육즙과 소스가 그의 턱과 턱수염에서 흘러내린다. 요리에 묻은 양념이 다른 요리와 식탁보에 튀어 누가 봐도 그의 흔적임을 알 수 있을 정도이다. 게다가 그는 굉장히 시끄럽게 먹으며, 먹을 때는 눈동자를 이리저리 굴린다. 그에게 식탁은 외양간의 구유나 다름없다. 이를 닦자마자 그는 다시 먹기 시작한다." (《성격론》, 인간에 대하여, 121)

당시 식사 예절 등을 포함한 문화적인 발전은 오늘날과 다르게 느리게 진행되었기 때문에, 12~13세기부터 언급된 식사 예절은 17세기에도 여전히 유럽 상류층에서 교육되고 있었다.

미식 애호가의 조건:

식사 예절이자 대화 예절인, 음식을 교양 있게 먹는 법에는 포도주와 요리의 질이나 미각에 대해 얘기할 줄 아는 기술 또한 포함된다. 몽테뉴가 들려주는 일화에서 강조하는 바와 같이, 미식법은 미식에 대해 이야기하는 기술과 떼려야 뗄 수 없는 사이이다. 그 유명한 프랑스 요리와 관련해서도 언어 정제 운동이 진행되었다. 저속하고 상스러운 말의 사용을 요리책에서도 규탄하려는 목적이었다. 몰리에르의 희극에서 문법학자 보줄라^{1586~1650}는 여자 요리사들에게 우스꽝스럽게 맞서고 있지 않은가. 구르메가 '미식 애호가'의 동의어가 된 것처럼, 중세 말부터 포도주의 품질이나 결점을 가리키는 특수용어가 발달한 것 역시 우연이 아니었다. 서양에서 포도주가 지닌 명성과 특수용어의 가치상승 덕분에 구르메라는 단어는 모든 종류의 부정적인 함의를 피할 수 있었다. 그뿐만 아니라 프랑스 요리가 세력을 장악하면서 구르메라는 단어는 19세기 동안 다른 유럽언어에 영향을 미쳤다.

미식 애호가 즉 구르메는 포도주의 색과 배의 즙, 아스파라거스의 아삭한 정도를 알아보고 평가할 줄 알아야 했다. 마찬가지로 17~18세기의 원예개론서에서는 유행하는 식물종과 이들에 대해 이야기하는 방법을 가르쳤다. 일명 코토^{coteau}라 불리는 미식 애호가^{friand}는 그가 먹는 질 좋은 식품이 어디서 왔는지 그 산지도 알아야 했다. 중세의 정신에 매우 중요한 요소였던 미각적 다양성은, 근세 상류층의 식탁에서 고급스러운 입맛으로 점점 대체되었다. 게다가 르네상스 시대부터 17세기까지 높이 평가되었던 오감^{伍感}을 우의적으로 묘사한 작품에서는 미각을 표현할 때 다양한 음식들이 넘쳐나는 모습 대신 유행하는 음식을 그려냈다.

고급스러운 입맛이란 배워서 드러나는 것으로 타인에게 전파된다고 여겨졌다. 배움을 통해 식도락가는 자신의 권리로 절제와 절도를 요구하고 교육을 받지 못한 사람의 게걸스러움과 분리될 수 있었다. 이후 19세기와 20세기를 풍미할 미식가^{gastronome, 157쪽}의 이미지가 여기에 잠재된 것이다. 앙시앵 레짐과 근대를 거치며 미식문화를 전수했던 미식전문가 브리야 사바랭은 19세기경에 "짐승은 먹이를 먹고, 사람은 밥을 먹으며, 지성인만이 예의를 갖춰 음식을 먹는다"라고 적었다.

Le goust

〈맛〉
니콜라 아르노, 17세기 말

계급에 따른 식도락:

음식을 교양 있게 먹는 법이란 자신의 사회적 지위에 맞는 음식을 선택할 줄 안다는 것을 의미했다. 생시몽 공작의 글에서 "어떤 요리에도 정통하지 않고, 신선한 것보다 악취를 풍기는 상한 생선을 무척 좋아하는" 방돔 1654~1712은 "무척 기이한 식탐"을 가진 사람으로 그려진다. 그러나 회상록 저자들이 방돔의 탐식하는 습관과 요리에 대한 무지함을 언급한 것은 그가 앙리 4세의 직계후손이 아니라 '사생아'임을 강조하는 비열한 방법이기도 했다. 교양 있는 식도락이란 먹는 사람의 나이, 성별, 사회적 지위에 맞는 음식을 향한 열정을 의미했으며 먹는 사람의 위가 섬세한지 혹은 그렇지 않은지를 결정했다.

인류학자 클로드 레비스트로스1908~2009의 유명한 격언을 바꾸어 생각한다면, 올바른 식도락이란 사회적으로 바람직한 식도락이라고 할 수 있다. 대부분의 사람들에게 식량 부족이 일상이었던 만큼 교양 있는 식도락의 정의에서 '선택'은 더욱 핵심적인 개념으로 남아 있었다. 상류층은 다양한 요리를 선택할 수 있었던 만큼, 이들의 식도락은 사회적 지위를 상기시키는 역할을 했다. 보잘것없는 요리에 익숙하고 너무나 배가 고파 위경련에 시달리는 사람들에게 이러한 선택은 어림없는 일이었겠지만 말이다. 가난뱅이들이 먹는 음식인 순무나 이집트콩, 말린 채소 같은 거칠고 흔해 빠진 채소는 농부들의 배를 채우는 식품이기에 상류층의 선택에서 제외되었다.

반대로 그들은 신선한 완두콩과 아스파라거스, 아티초크, 멜론, 무화과, 배를 열광적으로 좋아했는데, 이는 기운을 되찾기 위함이 아니라 그들의 섬세한 입맛을 보충하기 위해서였다. 게다가 '거친 과일'로 여겨진 사과와는 달리 잘 익은 과일은 사르르 녹듯 부드러워 손님들이 시끄럽게 음식을 씹어 교양 없는 모습을 보이지 않도록 해줄 수 있었기에 인기가 많았다. 인구 대부분이 기근과 식량 불안에 시달리는 경제적 상황에서 신선한 채소와 과일, 고기 그리고 생선에 대한 다양한 기호는 부유한 상류층이 식량 공급에 대해 전혀 걱정할 일이 없었음을 아이러니하게 보여준다. 더불어 그들은 잼이나 과일 설탕 조림, 아몬드 과자를 열렬히 좋아하는 티를 내야만 했는데, 값비싼 설탕값을 지불함으로써 그들의 재력을 과시하기 위해서였다. 게다가 유럽 상류층이 열광했던 콜레이션의 단 과자처럼 단맛을 좋아하는 사람은 취향이 세련되었으며 사회적인 교류를 즐기는 사람이라는 느낌을 주기도 했다.

계급이 엄격하게 나뉜 사회, 한가롭게 품위에나 신경 쓰는 귀족들이 지배하는 서양 사회에서 식도락은 무엇보다도 사회적인 요소였다. 천한 음식인 흑순대는 샤를 페로의《우스운 소원》1694과 발타자르 데 알카사르의《우스꽝스러운 저녁식사》1605에서 모두 우스꽝스러움을 이끌어내는 요인으로 작용한다. 페로의 작품에서 한 나무꾼은 세 가지 소원을 이루어주겠다는 꿈만 같은 약속을 받아낸다. 나무꾼은 불이 타오르는 난롯가 앞에 앉아 편안하게 휴식을 취하면서, 완전히 행복해지려면 네 척1.2m은 족히 되는 길게 늘어진 순대가 있어야겠다고 생각한다.

그러나 아내는 그의 생각에 화들짝 놀라 대꾸한다. "한 나라와 온갖 금은보화, 진주와 루비, 다이아몬드, 아름다운 드레스를 얻을 수 있는데 고작 순대를 바란다고?" 나무꾼의 소원은 배부른 상류층에게는 확실히 우스운 소원이겠지만, 포식 한 번 해보는 것이 소원인 굶주린 사람에게는 합리적인 선택이기도 했다. 알카사르의 작품에서는 샐러드와 잡탕스튜

120

가 나온 뒤 기름지고 오동통하며 '존경받아 마땅한 귀부인'이라고 불리는 먹음직스러운 순대, 모르칠라가 나온다.

라푸아 드 프레멩빌은 저서 《보편적인 통치의 사전 혹은 개론서》[1771]에서 '정원의 아티초크나 멜론, 살구, 여타 과일을 훔치는 방탕한 사람과 부랑자가 너무 많다'고 안타까워한다. 프레멩빌은 도둑들을 가리켜 '방탕한 사람'이라 지칭하는데, 이러한 음식을 훔치는 행위는 생존의 문제가 아니라 미각적 쾌락의 범주에 속하는 것이기 때문이다. 또한 '부랑자'라고 지칭하는 이유는 훔친 과일이 이들의 사회적 지위에 어울리지 않다는 사실을 강조하기 위해서이다. 근대 회화에서처럼 근대의 소설이나 콩트, 우화에서는 먹는 음식으로 그 사람의 사회적 위치를 빠르게 파악할 수 있다.

세르반테스의 《돈키호테》[1615]에서는 희극성을 유발하는 동기로 음식물을 사용하는데, 소위 바라타리아 총독으로 임명된 산초 판사는 잡탕 스튜 한 접시와 신선도가 의심스러운 소의 다리고기 등 너무나 서민적인 음식으로 배를 채운다. 총독이라는 그의 지위에 걸맞은 '밀라노의 자고새 고기, 로마의 꿩고기, 소렌토의 소고기, 모론의 자고새 고기, 라바조스의 새끼 거위 고기' 같은 음식을 내놓았는데도 말이다. 이 이야기의 희극성은 음식이 속한 계급과 사회적 계급이 일치하지 않는다는 데서 나타난다. 평민의 전형인 산초 판자는 귀족 식사 예절의 온갖 세련된 규제를 지키기보다는 마른 빵과 양파를 마음대로 먹는 게 훨씬 낫다고 주장하기까지 한다.

안니발레 카라치가 그린 〈강낭콩 먹는 사람〉[1590년경]을 보면 남자는 강낭콩을 숟가락 가득 퍼서 입으로 게걸스럽게 가져간다. 그는 왼손에 빵 조각 하나를 조심스럽게 들고 있다. 그의 시선은 입에 풀칠할 거리를 빼앗길까 걱정하는 마음과, 곧 배가 부를 거라는 만족스러운 마음 사이에서 머

뭉거리는 듯하다. 날 때부터 불공평한 앙시앵 레짐 사회에서 개인에게는 각자의 사회적 지위에 맞는 식사의 기쁨이 있었다. 명문가의 부유한 상류층에게는 요리를 선택할 자유가, 가난한 이에게는 포식하고 싶은 소망이 있었던 것이다.

절제된 행동 :

보기 좋게 통통한embonpoint 몸매는 교양 있는 식도락이 몸으로 드러난 결과였다. '통통한 몸매'란 마른 것보다 풍풍한 것에 '살짝' 더 가까운 몸매를 가리켰으며 가치판단의 영역에 속하는 표현이었다. 동시에 정신적 건강보다는 신체적·경제적 건강상태가 좋다는 것을 의미했다. 19세기 르네상스 시대에 통통한 몸매는 여성의 아름다움을 판단하는 기준으로 작용했다. 그러므로 여성의 통통함은 마르고 굶주려 뼈만 앙상하게 남은 추함과 대비되는 개념이기도 했다. 그 때문에 풍만하고 포동포동한 몸매를 얻고 이를 유지하는 비결은 아름다움의 비밀에 속했다. 부유한 베네치아와 나폴리에서는 두 종류의 아몬드 과자글리센티.《도덕론》. 1609를 선호했던 반면 제1제국의 파리 사람들은 초콜릿을 선호했다. 향락주의자 그리모 드 라 레이니에르의 말에 따르면 '무슈 드 보브'의 초콜릿은 "수많은 예쁜 여성에게 매력과 화사함을 되찾게 해줬는데, 통통하지 않고서는 절대로 아름답거나 광채가 날 수 없기 때문이다."

반면 계걸스러운 대식가의 식탐은 신체적 반응을 자제할 수 없다는 데서 나타났다. 빈센조 캄피1536~1591가 1580년경에 그린, 가난뱅이들의 모습을 우스꽝스럽게 표현한 작품〈리코타 먹는 사람들〉은 남자 세 명과 여자 한 명이 새하얀 크림빛 치즈에 즐겁게 달려드는 모습을 그려냈다.

〈강낭콩 먹는 사람〉
안니발레 카라치, 16세기 말, 콜로나 갤러리, 로마

네 사람은 몽롱한 얼굴로 어리석은 기쁨에 가득 차, 눈빛은 공허하고 입은 반쯤 벌리고 있다. 전체적으로 어두운 색조의 그림에서 리코타의 새하얀 빛깔은 유독 두드러져 커다란 치즈조각을 삼키려는 사람의 지저분한 손과 구릿빛 얼굴, 썩은 이, 크게 벌린 입과 대조된다. 다른 이는 치즈를 향해 허리를 굽히고 입에서는 치즈가 삐져나온 채로 치즈를 한 숟가락 더 가득 떠서 먹으려고 한다. 그의 어깨에는 손톱이 지저분한 옆사람의 손이 얹혀져 있다. 식사 예절이라고는 눈곱만큼도 찾아볼 수 없이 게걸스럽게 먹는 사람은 가난뱅이와 다름없다.

예의범절과 거리가 먼 가난뱅이는 입을 잔뜩 벌리고 먹으면서, 시커멓고 냄새 나는 이가 몇 개씩 빠진 입속을 보여준다. 음식에 무턱대고 달려들 뿐만 아니라 같이 먹는 음식임에도 덜지 않고 그냥 먹으며, 다른 사람들의 몸에 바짝 달라붙어 지저분한 모습으로 게걸스럽게 많은 양을 한번에 넣는다. 예의를 아는 스페인 귀족 돈키호테는 산초 판사에게 '양쪽 볼에 음식을 가득 넣고 동시에 씹어 먹는 것'은 무례한 행동임을 끊임없이 환기시키지 않던가. 옆 사람의 접시에 있건, 지금 막 식탁에 놓았건 간에 음식이 있으면 시선은 그곳으로 사로잡힌다.

이 같은 시선은 새뮤얼 존슨 박사가 든 예에서처럼, 게걸스러운 대식가를 사회에서 알아볼 수 있게 해주는 상징이다. "식탁에 앉은 대식가는 임무에 완전히 열중한다. 그의 두 눈은 접시에 꽂혀 있다." 제임스 보즈웰이 가감 없이 집필한 전기 《새뮤얼 존슨의 인생》1791의 속편에서, 대식가의 몸은 식사를 함께하는 다른 이들이 역겨워할 정도로 동물성을 드러낸다. "그는 맹렬한 식욕으로 악착스럽게 배를 채웠다. 식사를 하는 내내 목에 핏대가 선 채로 땀을 흥건하게 흘리는 모습을 볼 수 있었다."

〈리코타 먹는 사람들〉
빈센조 캄피, 16세기 말, 리옹 미술관, 리옹

마찬가지로 취기醉氣는 일종의 퇴행으로 여겨졌다. 절제와 신중함을 모르는, 한마디로 품위가 없고 이성을 상실한 육체가 보여주는 끔찍하고 외설적인 광경인 셈이자 인간다움을 잃는 것으로 인식됐다. 미식 애호가인 귀족과 게걸스러운 평민이 이루는 대비는 귀족적인 우아함이 몸에 밴 시종장과 시종의, 그리고 천박함이 자연스레 익은 요리사와 그 조수의 대비와도 대칭된다. 깨끗함, 우아함, 아름다운 모습은 영주의 식탁에서 고기를 썰거나, 술을 따르는 시종이나 시종장의 특성이다. 반면, 숨 막히는 연기로 가득한 장소인 주방에 갇혀 종일 지내는 요리사는 독일과 플랑드르의 판화에서 보통 지저분하고 기름진 데다 뚱뚱한 모습으로 묘사되었다. 불그스름한 안색은 그가 음주벽이 있다는 사실을 보여주는데, 음주벽은 중세부터 20세기까지 요리사의 이미지와 관련된 가장 강력한 고정관념 중 하나였다.

독일의 막스 럼폴트가 저술한 요리개론서《새로운 조리법의 책》프랑크푸르트, 1581을 장식한 두 점의 판화는 요스트 아만이 그린 것으로 요리사의 전형적인 모습을 선보인다. 흐트러진 옷차림에 불룩한 배, 배 아래에 낮게 묶은 앞치마, 뚱뚱한 체형과 이중턱 때문에 흉측해 보이는 얼굴이 바로 그렇다. 요리개론서에서 요리사의 초상을 이렇게 그려냈던 것은 희극적인 효과를 유발하기 위해서였음인 반면, 문학에서는 자연스럽게 요리사의 경멸스러운 이미지로 굳혀져 널리 퍼졌다.

피렌체의 시인 루이지 풀치의 희극적인 장편 서사시 〈모르간테〉1483에서 상스럽고 게걸스러우며 지저분하고, 뚱뚱하고 기름진 몸매에 술에 취해 있으며 방탕하고 도벽이 있는 반半거인 마르구테는 요리사와 관련된 고정관념을 망라한 인물이다. 겉모습은 그 사람의 내면을 보여준다. 뒤룩뒤

룩하게 살찐 배는 요리사가 하는 일을 상징하며 상스러운 용모는 비천한 사회적 신분을 드러낸다. 요리사의 이러한 외모는 무엇보다도 그가 악덕의 일종인 '탐식'과 친근하며 비난받아 마땅하다는 것을 보여준다. 체자레 리파의 《도상학》1603에 등장하는 우화적으로 의인화된 '탐식'도 배가 불룩하게 튀어나와 있다. 요리와 포도주를 더 잘 맛보기 위해 목을 길게 뺀, 상스러운 '탐식'은 그가 데리고 다니는 돼지처럼 살찌는 일밖에 생각하지 않는다.

영양학에서 고급스러운 입맛으로:

역사학자 장 루이 플랑드랭에 따르면, 교양 있는 식도락은 요리를 억압해 왔던 의학이 17~18세기 동안 쇠퇴하면서 태어났다고 한다. 지성적·종교적·과학적 배경을 모두 포함한 근세의 문화적 배경은 요리를 의학에서 해방시키는 것에 무척 우호적이었기 때문에 고대와 중세를 지나며 전승된 요리의 위치에 의문이 제기되기 시작했다. 르네상스 시대까지만 해도 상류층의 식사는 그리스 의학자 갈레노스131?~201?에 따른 영양학적 원칙의 제약을 심하게 받았다. 요리를 먹는 특정한 순서를 강요했고 이런 고기는 금지했으며 저런 고기는 권장했다. 양념 방법, 조리 방법, 음식의 배합 역시 지정되어 있었다. 그러나 미식 애호가가 부상하면서 영양학적 견해는 그 지위가 흔들리다가 결국은 물러나고야 만다.

인쇄술의 발명 덕분에 그리스어와 라틴어 서적이 대규모로 보급되면서 의학 비평분석이 활성화되었고, 갈레노스의 전집이 베네치아의 출판사에서 1525년에 처음으로 출간되었다. 갈레노스 의학의 명예를 실추시킨 이는 파도바 대학교수이자 해부학자 안드레아스 베살리우스1514~1564

이다. 그는 실제로 시체를 해부하기도 했는데 죽은 몸을 통해 진실을 배울 수 있다고 믿었기 때문이다. 베살리우스는 그의 저서 《인체 해부에 대하여》에서 갈레노스의 견해를 반박하는데, 동물과 인간의 해부학적 구조가 지닌 유사성을 강조하고 그때까지 알려지지 않았던 기관을 발견하면서 인체에 대한 갈레노스의 개념에 문제를 제기한다. 1628년에 영국의 윌리엄 하비1578~1657가 인체에 혈액이 순환하고 있다는 사실을 발견하면서, 혈액은 간에서 만들어진다는 갈레노스의 가르침과 달리 심장에서 만들어진다는 것이 밝혀졌다. 16세기와 18세기 사이에는 소화 과정에 대한 과학적인 설명이 발전을 거듭하여 마침내 고전 영양학의 가르침을 무너뜨리기에 이른다. 게다가 상류층은 '타락시키는' 멜론이나 '건강에 해로운' 복숭아 등 위험하다고 분류되었던 식품에 열광했지만, 그렇다고 자신의 건강을 해치지는 않았다. 이들은 증명과 관찰에 호의적인 새로운 과학적 견해로 받아들여짐직한 증거를 제시했다.

장 루이 플랑드랭은 고전 영양학의 쇠퇴를 식탐 혹은 탐식의 해방이라고 해석했다. 미각적 쾌락에 대해 개방적이며 인간이 쾌락을 위해 먹는다는 사실을 공공연하게 인정하는 새로운 견해가 영양학이 물러난 자리에 들어앉았다. 그때부터 요리법은 더 이상 양념이나 조리를 통해 식품의 본질을 바꾸려고 하지 않고, 가장 엄격한 이들의 입맛을 만족시키는 것을 목표로 삼았다. 미식 애호가 루이 15세가 통치하던 시대에 발간된 프랑스 요리책 《코무스(그리스신화에서 향연을 주관하는 신−옮긴이)의 선물》1739의 머리말에 저자가 저술한 바와 같이, 지금까지의 '요리법'은 요리가 잘 소화되도록 하는 것이 목적이었다면 이제는 식욕을 돋우고 재료의 맛을 배합하여 그 정수를 뽑아내는 데에 그 목적을 두고 있다는 것이다.

〈요리사〉
요스트 아만, 16세기 말

　그러나 미각적 쾌락을 공공연하게 주장할 수 있어야 한다는 과제가 여전히 남아 있었다. 이러한 과제에 부응하는 것이 '고급스러운 입맛'이라는 개념의 탄생이었다. 게걸스러움으로 여겨지는 식탐은 여전히 강력하게 비난받고 있었지만, 세련된 요리의 추구, 맛있는 요리에 대한 애정, 그런 요리를 알아보는 방법과 그에 대해 이야기하는 순수한 즐거움은 교육을 받았다는 증거였다. 고급스러운 입맛은 사회적 지위를 드러내는 표지로 격상된 것이다. 17세기부터는 심지어 '예술'이라는 말을 쓰기도 했다. 미와 추를 구분하기 위해 음식과 관련한 비유를 사용하는 것을 통해, 미식에 대한 관심이 그저 신사에게만 국한된 관심사가 아니라 귀족들의 실질적인 관심사였다는 사실을 알 수 있다. 17~18세기 동안 교양 있는 미식가 신사는 미각적 쾌락을 떳떳하게 밝힐 수 있게 되었다. 사회학자 스테판 메넬은 다음과 같이 설명을 덧붙인다. 그전과 비교하여 앙시앵 레짐의 마지막 두 세기 동안에는 식량 공급이 더 확실해지고 일정해지며 더 다양한 종류의 식품이 공급되는 등 전체적인 개선이 이루어져 상류층의 입맛을 미식의 전성시대에 걸맞게 길들일 수 있었다는 것이다. 귀족의 식탁뿐 아니라 부르주아의 식탁에도 식량 공급이 보장되기 시작한 시점부터는 차려진 요리의 양에서만이 아니라 요리와 포도주의 질에서도 사회적 지위의 차이가 드러나게 되었다.

프랑스 문화모델의 중심:

서양국가 전반에서 공통적으로 고전 영양학이 퇴보했으며 풍속의 문명화가 진행되었고 식량 공급의 개선이 이루어졌다. 미식 문화가 프랑스에서 전성기를 맞이한 것은 프랑스가 맛있는 음식에 호의적인 가톨릭국가라는 덕을 보았기 때문이다. 게다가 궁정의 모델을 모방한 귀족 사회, 풍요롭고 다양한 산지에 대해 무척 긍정적인 견해 역시 프랑스의 미식 문화 탄생에 일조했다.

　　절대군주제인 프랑스에서 정치적 영향력이 재분배된 사실도 미식 애호가의 급부상을 이해하는 데 빼놓아서는 안 될 요소이다. 프랑스 사회에서 귀족들에게만 국한되었던 분야들이 17세기부터 새롭게 재설정되었다. 전투에 참가하는 일도 줄어들었고 정권에서도 차츰 밀려났기 때문에,

〈맛〉
아브라함 보스, 17세기 초, 투르 미술관, 투르

GVSTVS.

귀족들은 화려한 귀족 요리를 통해 사회적으로 차별성을 지니려고 했다. 부르봉 왕가가 집권할 동안 만들어진 프랑스 문화모델은 교육예의범절과 우아함품위에 기반을 두고 있었기에 미식 문화와 양립할 수 있었다. 프랑스 문화모델은 천성적으로 타락한 것이라 여겨지는 왕국의 진미에 대해 찬사를 늘어놓기도 했다. 위대한 세기의 '미식 애호가'들과 식도락을 즐기는 귀족들이 추천한 음식을 보면 프랑스의 식품산지가 얼마나 다양한지 알 수 있다. 17세기에 탄생한 새로운 프랑스 요리법은 이국의 향신료를 거부하고 토종 허브에 열광했다.

이러한 현상은 앞서 언급한 바와 같이 프랑스 문화에 더 큰 가치를 부여하면서 생겨났다. 원예개론서와 요리서적을 출간한 니콜라 드 본퐁은 1656년에 수수한 파슬리를 가리켜 '우리 프랑스의 향료'라고 거만하게 기술하지 않는가. 이처럼 프랑스 상류층은 자국의 우월함에 설득되었다. 이처럼 교양 있는 미식 애호가 신사의 프랑스적 인물상을 창조해내는 데에는 지리와 정치·종교·정신적 표상이 다 함께 작용했다. 1650년대에는 프랑스에서 요리서적의 출간이 급증했으며 특수한 요리용어가 만들어졌고 귀족들이 미식문화에 크게 관심을 보였다.

이러한 경향은 요리를 예술의 지위로 끌어올리는 데 일조했다. 루이 14세의 형제 중 하나인 조각가 기욤 카덴은 무슈 도멘의 생클루에서 의미심장한 이름의 조각상 여덟 점으로 궁궐의 측면을 장식했다. '미식'은 당당하게 '능변'과 '음악', '젊음', '희곡', '춤', '부富', '평화'와 나란히 서 있다. 이 경향은 18세기에도 이어져 식탁은 계몽주의 시대의 '삶의 즐거움'이 꽃피는 장소가 되었다. 섭정 오를레앙공 필립1674~1723은 팔레 루아얄 저택에서 야식 모임을 새벽까지 벌이는 것으로 유명했다. 오를레앙공의 야식 모임은 세련된 고급 요리와 성적 방탕함이 한데 어우러진 자리였다. 미식 애호가 루이 15세1715~1774의 집권기에는 베르사유와 라뮈에트, 특히 슈아지에서 왕의 야식 모임이 끊이질 않았다. 쏘라는 마을 근처, 슈아지라는 시골의 센 강변 왼편에서, 왕의 식사관리인 대신 금값을 주고 고용한 가장 이름난 파리의 요리사들이 식사를 준비했다. 이런 식으로 더욱 세련되고 창의적인 요리법이 탄생했다.

새로이 탄생한 요리법은 오늘날 이름 높은 프랑스 고급 요리법의 직계조상이라 할 수 있는데, 그래서인지 프랑스 최고급 레스토랑 중 하나의 이름도 '루이 15세'이다. 예수회 수도사 기욤 야생트 부쟝과 피에르 브뤼무아도 《코무스의 선물》의 머리말에서 다음과 같이 적고 있지 않은가. "200년 전에도 프랑스에서 제대로 된 훌륭한 요리를 접할 수는 있었지만 확언하건대 프랑스 요리가 '이렇게 우아했던 적도, 이렇게 정성을 들여 손질된 적도, 이렇게 섬세한 맛을 낸 적도' 없었다고 보장할 수 있다."

그러나 프랑스인들의 세련된 식생활에 대해 너무 환상을 품지는 말아야 한다. 교양 있는 식도락이 승승장구하고 있었지만 탐식과 게걸스러움도 여전히 존재했으며 심지어 왕실에서도 흔히 발견되었다. 가령 루이 14세1643~1715는 통풍과 소화불량에 시달렸다. 네덜란드와 독일에서는 왕의 식탐을 비난하는 비방문이 작성되었는데, 여기서 루이 14세는 영토 정복에 대해 과도한 식욕을 지녔으며 신체 기관에 이상이 있는 거인으로 그려졌다. 회상록 저자 생시몽은 루이 14세의 아들 루이 드 프랑스, 일명 왕세자 대제1661~1711를 '지방에 파묻힌 채 무기력에 빠져 있다'고 묘사했다.

루이 드 프랑스는 소화불량에 시달렸으며 너무 뚱뚱해서 좋아하는 기마 수렵도 하지 못했다. 오를레앙공의 딸 베리 공작부인은 항상 달콤한 과자를 배부르게 먹었고 왕과 함께하는 식사에서도 지나칠 정도로 먹었다. 그러고선 베르사유 궁의 작은 방에서 토하고서는 잔뜩 취한 상태로 집에 돌아갔기 때문에 멩트농 부인에게 비난을 들었다. 이런 점은 베리 공작부인의 할머니 팔라틴 부인과 무척 유사했는데, 팔라틴 부인은 통풍에 시달렸으며 지나친 탐식으로 24세의 나이에 세상을 떠났다. 탐식과 폭음으로 얼룩진 팔라틴 부인의 삶 때문에 입장이 곤란해진 왕가는 고인의 유덕遺德을 기리는 장례식 기도를 하지 않기로 결정했다. 루이 16세는 자신의 결혼식 식사에서 토할 때까지 게걸스럽게 먹었다. 루이 14세의 끝없는 식욕은 넘치는 생명력의 신호였지만, 베리 공작부인이나 루이 16세의 탐식은 당대인들에게 도덕적인 비난거리였다. 왕가를 바라보는 시선이 바뀐 것이다. 그리모 드 라 레니에르는 루이 15세가 미식 문화의 발전에 기여한 바를 높이 평가했지만, 루이 16세의 식성은 가차없이 비난했다.

> "젊고 활기찬 후계자는 세련되기보다는 게걸스럽게 먹었다. 음식을 고를 때도 세련된 미각은 전혀 드러나지 않았다. 그에게는 커다란 고깃덩어리처럼 영양이 풍부한 요리야말로 좋은 요리였다. 게다가 사람들이 갖다 바치는 음식이라면 무엇이든, 엄청난 식욕을 보이며 달려들어 배를 채웠다. 사람들은 왕의 입맛을 돋우기 위해 골머리를 쓰며 연구할 필요가 없었다."

굶주린 자들의 반격:

혁명파의 풍자삽화가들은 루이 16세의 끝없는 식욕을 주제로 풍자삽화를 그렸다. 제 백성의 고혈을 빨아먹는 전형적인 왕-거인의 이미지로 프랑스 왕정의 과중한 세금을 비난했고, 백성에게 좋은 왕으로 남아 있던 루이 15세의 이미지마저 바꾸어 놓았다. 루이 16세의 왕비 마리 앙투아네트, 일명 '적자 부인'은 심지어 신화에 나오는 반은 새, 반은 여자인 괴물 하피의 형상으로 그려졌다. 〈현대판 가르강튀아의 거대하고 오래된 가족용 식기〉와 〈술의 신탁과 세기의 가르강튀아〉에서처럼, 왕족 일가에 둘러싸인 모습으로 묘사되는 루이 16세는 왕국이 만들어내는 모든 재물을 집어삼키는 근대판 가르강튀아 또는 엄청나게 게걸스러운 동물과 동일시되었는지도 모른다.

〈보기 드문 동물들 또는 성당으로 이동하는 왕족 일가, 1792년 8월 20일, 네 번째 자유의 해이자 첫 번째 평등의 해〉에서 루이 16세는 칠면조의 몸을 하고 있다. 아메리카 대륙에서 온 만족할 줄 모르는 대식가로 우둔함을 상징하는 칠면조는 민중의 재산을 집어삼키는 왕, '국가'와는 무관한 존재, 정치적으로 무능한 군주 그리고 전혀 만족스럽지 않은 가금류의 이미지를 동시에 떠올리게 했다. 그러나 루이 16세의 모습을 그릴 때 가장 자주 사용되는 동물은 돼지였다. 루이 16세를 묘사한 혁명파 풍자삽화 중 반 이상이 돼지의 이미지를 사용하고 있다.

중세부터 잘 알려진 동물우화의 규범을 따르자면, 돼지는 왕의 탐식을 떠올리게 하고 탐식을 성욕과 연결시키면서 왕비의 모습을 상기시키며 왕과 왕비 사이에 있었을 법한 문란한 행위를 생각나게 한다. 심지어 혁명 이전의 노골적인 비방문에서는 마리 앙투아네트가 남편을 '덩치 큰 돼지'라는 별명으로 불렀다는 소문을 퍼뜨렸다. 그렇게 널리 퍼진 왕-돼지의 이미지를 통해 왕권의 신성박탈이라는 놀라운 현상이 혁명 초기에 이루어졌다.

〈'뚱뚱한' 새는 늦게 난다〉
영국 풍자삽화, 1791

    한편 돼지의 운명이란 목이 따여 죽는 것이기에, 돼지란 왕이 사형
에 처해질 것임을 예고하는 이미지이기도 했다. 이것이야말로 '아! 저주받
은 동물이여'라는 구절이 의미하는 바가 아니었겠는가? 왕의 머리를 단 살
찐 돼지가 혁명파 농부가 데리고 다니는 개에게 질질 끌려 한 건물로 들
어간다. 비극적인 운명이 기다리고 있음은 너무나 뻔한 일이다. "아! 저주
받은 동물이여, 너 때문에 내가 살이 찌지 못했구나. 그런데 너는 너무 살

이 쪄서 온몸이 비계로구나. 방금 시장에 다녀왔는데 너를 어떻게 해야 할까."

영국의 풍자삽화에서도 루이 16세의 도를 넘어선 식탐을 언급했다. 존 닉슨과 아이삭 크룩섕크의 〈대식가. '뚱뚱한 새'는 늦게 난다. 늦게 날면 위험에 처한다〉에서 1791년 7월의 어느 풍자삽화는 1791년 6월 21일 바렌에서 국왕 일가가 체포된 사건을 다루고 있다. 사건은 어느 여관에서 진행된다. 옷차림에 신경을 쓰는 마리 앙투아네트는 거울 앞에서 머플러의 매무새를 고치며 걱정한다. 국경을 벗어나려면 갈 길이 먼데 루이 16세는 세월아 네월아 하며 숟가락을 놓지 않고 있기 때문이다.

"얼른요 루이, 칠면조 두 마리랑 포도주 여섯 병을 아직 다 못 먹었어요? 우리 몽메디에서 저녁식사 있는 거 알잖아요." 바로 그때, 검찰관이 들어와 루이 16세를 체포하겠다고 말한다. 배가 불룩하게 나오고 얼굴이 통통한 루이 16세는 집어삼키려고 했던 구운 칠면조와 포도주 두 병을 앞에 두고 그저 이렇게 말한다. "신경, 우걱우걱, 안 쓰네. 나 좀 그냥 먹게 놔두게." 바렌 도주사건 후에 나온 수많은 비방문, 풍자문, 풍자삽화에서 루이 16세는 도주할 때 각종 변장을 하고 있다. 다양한 변장 중 뚱뚱한 수도사와 요리사가 있다는 사실은 무척 의미심장하다.

유명한 풍자삽화가 제임스 질레이가 부르봉 왕조를 희화화하기 위해 그린 1793년 3월 20일의 풍자삽화 〈아내와 가족에게 이별을 고하는 루이 16세〉에서는 게걸스런 식탐과 취기도 언급된다. 군인들이 와서 루이 16세를 가족들에게서 떼놓으려 하고 있다. 얼이 빠진 루이 16세는 병과 포도주잔을 양손에 꼭 쥐었고, 식탁에는 김이 모락모락 나는 새요리와 또 다른 포도주 한 잔이 있다. 두 잔의 포도주 사이에 선 '뚱뚱보' 루이 16세는 자신

〈아내와 가족에게 이별을 고하는 루이 16세〉
영국 풍자삽화, 1793

에게 닥친 일을 정말로 이해하지 못하는 듯하다.

근세에서부터 오늘날에 이르기까지, 풍자삽화가들은 종종 체격이나 식습관, 음주습관을 특징 삼아 풍자삽화를 그린다. 마찬가지로 18~19세기의 반교권주의자들은 뚱뚱한 성직자와 깡마른 예수회 수도사 사이를 오가며 양쪽을 모두 비난했다. 성직자의 뚱뚱한 몸과 불그스름한 얼굴은 민중의 고혈을 짜내 제 몸을 살찌우는, '국가'에 필요하지 않은 기생충 같은 존재를 상징한다. 반교권주의자들은 복음의 의미와 기독교적 자비의 정신을 무시한 채 제 입과 배 속만 생각하는 위선자를 비난했다. 반면 지나칠 정도로 마른 예수회 수도사의 체격은 과도한 야망을 보여주며 병이 그를 갉아먹고 있음을 알려준다. 마른 수도사를 갉아먹는 병은 이 나라를 갉아먹고 있는 위험을 상징하는 비유이다.

19~20세기의 정치적 풍자삽화에서는 계속해서 대식가의 몸을 게걸스러움과 식탐, 절제되지 않는 식욕과 연관시켰다. 예전에 '보기 좋게 통통embonpoint'하다고 했던 몸매는 그저 불룩하게 나온 배, 심지어 비만 그 자체로 여겨졌다. 여기서 우리는 기생충, 간악한 모리배, 심지어는 민중의 '피'를 빨아먹는 거머리처럼 그려지는 전형적인 대식가의 이미지를 다시 찾아볼 수 있다. 자유경제주의를 반대하는 사람들은, 지방을 쌓는 것은 자본을 축적하는 것과 다르지 않다고 재해석했다. 육체적인 무절제를 단적으로 보여주는 불룩한 배는 자본가의 상징이 되었다. 건강을 되찾으려면 나온 배를 없애야 하는 것처럼, 국가의 건강을 되찾으려면 자본가 역시 없어져야 하는 존재인 셈이다. 당대 풍자삽화가들은 뚱뚱한 체격에 실크해트를 쓰고 시가를 문 '뚱뚱보' 시골 부르주아, 산업 자본주의자, 욕심 많은 은행가의 모습을 묘사하고 이들을 풍자했다.

미식문학의 시대

브리야 사바랭 이후로, 사람들은 자신이 미식가인 사실을 부끄러
워하지 않았으나 대식가 혹은 주정뱅이로는 절대 취급받고 싶어
하지 않았다. 음식을 집어삼킬 줄밖에 모르는 대식가와 달리 미
식가는 결과를 거슬러 올라가 원인을 파헤치고 분석하며 토론을
한다. 게다가 그들은 유익하고 유쾌하면서도 아름다운 것을 추
구한다. 미식가는 신뢰할 수 있을 만한 감각과 판단, 직감을 지
녀야 하며, 품위 있는 삶을 영위할 수 있는 경제력까지 갖춘다
면 더할 나위가 없다.

피에르 라루스, 《세계 대백과사전》, 1866~1876

미식문학의 시대

1803년의 《미식가 연감》 권두삽화에 처음 등장하는 재판관 도댕부팡은 이후 마르셀 루프Marcel Rouff. 1877~1936의 소설 주인공이 되었는데, 미식가 브리야 사바랭을 똑 닮은 인물이다. 《미식가 연감》은 미식 애호가였던 루이 15세가 지배하던 시기의 요리책 및 프랑스 미식문학의 대작들과 어깨를 나란히 하며 도서관에 놓인 책이기도 하다. 앞서 말한 도댕부팡은 요리가 생활의 예술이자 하나의 철학, 심지어는 종교라고까지 주장한다. 마르셀 루프의 소설 제목은 《미식 애호가 도댕부팡의 인생과 열정》1924으로, 이 책은 마치 그의 전기 작품인 듯한 분위기마저 풍긴다.

비견할 데 없을 정도로 훌륭한 예술가였던 도댕부팡의 첫 번째 요리사가 죽고 나서 들인 두 번째 요리사 역시 실력이 출중해 외국의 한 왕자로부터 스카우트 제의를 받는다. 미식을 사랑하는 도댕부팡이 겪는 이러한 시련은 시작에 불과했다. 그는 맛있는 음식을 대가로 두 번이나 육체적 유혹을 받기도 하고, 통풍에 계속 시달린 나머지 독일로 원정 치료도 받는 등 온갖 고초를 겪는다. 그는 자신의 요리와 미각, 명성에 걸맞은 사람을 구분지었으며 미식의 문외한에 대해서는 다음과 같이 비난했다. "크림수프에 살짝 들어간 육두구의 이국적이며 부드러운 맛을 알아보지 못하며, 니베르네의 구운 소고기와 프랑슈콩테의 구운 소고기 맛의 차이를 모른다. 아티초크를 익혀 으깬 퓌레에 소금이 너무 많이 들어가도 이를 눈치 채지 못할 정도이다. 이들 문외한이 불가피하게 가지게 되는 반감에 주의하라. 미식에 대해서는 타협하면 안 되는 법이다."

위대한 프랑스 요리가 유럽을 장악했던 기나긴 19세기가 끝날 무렵에 발간된 루프의 소설은 프랑스 미식문학의 거만함과 특유의 문체까지 살렸으며 프랑스 미식 담론의 클리셰 역시 전부 언급했다. 그 때문에 그의 글은 미식문학에 성공적으로 편입할 수 있었다. 통상적으로 미식문학에서는 식사의 쾌락을 괴상하게 패러디하거나 과장되게 희화화하거나 의학적인 측면에서 심각하게 다루는 대신 유쾌하고도 진지하게 언급했다. 18세기라는 역사적 격변기에 프랑스에서 탄생한 미식문학은 교양 있는 식도락을 위해 쓰였으며, 미식문학의 등장으로 몇 세기 동안 기독교인들에 의해 우회적으로 언급되던 맛있는 음식을 이제 공공연하게 말할 수 있게 되었다.

익살극과 패러디:
서양 문학에서 묘사된 식사의 쾌락은 오랫동안 익살극이나 괴상스러운 패러디 작품, 에로티시즘 장르에만 국한되어 왔다. 패러디 작품에서는 성인전기에서처럼 여러 성인의 삶, 예를 들어 청어 성인[*]이나 양파 성인의 삶을 통해서 식도락이 언급되었다. 15세기에 발간된 소책자 《네 가지 즐거운

설교》에 등장하는 설교의 하나인 햄 성인과 순대 성인의 순교 편을 읽어 보자. 햄 성인과 순대 성인은 처형대에 매여 있다가 끓여지고 구워진 다음에는 토막토막 잘려 결국에는 사람들에게 먹히기에 이른다. 요리와 포도주의 영웅적이고 우스꽝스러운 전투 중 앞서 언급한 '햄 성인과 순대 성인의 순교'처럼, 이런 종류의 문학 작품은 사육제적인 감정의 발산을 보여준다. 엉터리로 '조리해놓은' 라틴어는 문자적 의미뿐 아니라 비유적 의미에서도 도치를 통한 희화적 언어유희를 보여준다. 일례로 《가르강튀아》의 미사에서 베니테 아도레무스와서 경배하십시오는 베니테 아포테무스와서 마시십시오로 대체된다.

롬바르디아 시인 테오필로 폴렝고의 《발두스》는 식량을 가져다주는 뚱뚱한 여신들의 비호 아래, 기사 발두스와 요리사를 포함한 일행이 코케뉴에서 겪는 모험담에서부터 이들이 지옥에 떨어졌다가 결국에는 호박 속으로 사라지는 이야기를 들려준다. 폴렝고 작품의 핵심을 이루는 것은 음식과 요리과정 그리고 라틴어의 현학적 언어유희를 통한 품위 있는 말과 비속어가 혼합된 단어의 발명이다. 피렌체 시인 루이지 풀치의 《모르간테》1483는 영웅 서사시의 패러디로, 거인 모르간테와 거인과 난쟁이의 혼혈 마르구테가 음식을 먹어치우며 이뤄낸 업적을 이야기한다. 일반적 영웅 서사시에서처럼 구도求道적 삶을 찾아 떠나는 유랑 기사의 이야기가 아니라 먹어치울 음식을 강박적으로 찾아 나서는 주인공의 이야기인 것이다.

기독교도 기사의 신념 대신 잘 구운 닭고기, 버터, 맥주, 맛있는 포도주에 대한 모르간테의 신앙이 등장한다. "나는 이것들을 믿습니다, 믿는 이는 구원받을 것입니다." 식사를 할 때의 올바른 몸가짐은 차치하고라도, 모르간테는 반쯤 익은 코끼리를 삼키듯이 먹어치우고 시종에게는 뼈

〈가르강튀아〉
귀스타브 도레, 채색판화, 19세기

한 조각조차 남겨주지 않는다. 게다가 필로멘 왕이 열어준 연회 덕분에 마르구테는 배가 팽팽하게 나와 주름이 모두 사라지고, '뚱뚱하고 거대한 기름덩어리'가 된다. 모르간테와 가르강튀아 거인의 이미지는 고급스럽고 양이 어마어마한 진수성찬과 끝없는 술자리에 대한 환상을 구체적으로 그려준다. 그뿐만 아니라 종교적 가치와 식사 예절이 지닌 가치를 괴상하고 우스꽝스럽게 왜곡시키기도 한다. 이 같은 괴상한 형태의 패러디는 무척 중요한데, 술을 잔뜩 곁들이고 상다리가 휘어질 정도로 음식을 차린 잔칫상 이야기가 고위층에게 더 잘 받아들여질 만하기 때문이다.

먹을거리와 관련된 거인들의 우스운 영웅담은, 특히 식량 부족의 위협을 근본적으로 피해갈 수 없는 사회에서 배고픔을 조롱함으로써 흉작의 망령과 기근에 대한 공포를 쫓아내는 역할을 했다. 음식에 대한 집착은 악한소설이라 불리는 피카레스크 소설의 단골 소재이다. 악한소설이란 자전소설의 형식을 빌린 16~17세기의 소설 장르로 하층계급 출신 영웅의 모험을 이야기한다. 일례로 악한소설의 기원이 된 작품이자 스페인 최초의 사실주의 소설인 《라사리요 데 토르메스의 삶》1554에서 부랑아 라사리요 데 토르메스가 살라망카에서 톨레도까지 먼 길을 떠나는 원인은 바로 배고픔이다. 이야기가 진행되는 동안 라사리요는 배고픔에서 벗어나기 위해 주인을 바꾸며 옮겨 다닌다. 이 작품에서 배고픔이라는 비극은 희극성과 풍자성을 유발하는 동기로 탈바꿈한다.

영리한 라사리요는 교활하고 난폭한 첫 번째 주인인, 구걸로 연명하는 장님 거지를 속여 빵과 포도주를 슬쩍하고 기름이 잘잘 흐르는 구운 소시지와 순무를 바꿔치기한다. 그의 두 번째 주인은 인색하고 식탐이 많은 주임신부로, 4일마다 양파 한 개밖에 먹지 않으면서 양파를 마치 발렌시아의 당과만큼이나 대단한 진미인 양 내보인다. 토요일에는 라사리요에게 다 갉아먹어버린 양의 머리뼈를 던져주면서 "받아라, 먹어라, 포식하려무나. 온 세상이 다 네 것이로구나! 교황보다 더 호화로운 식사를 네가 하고 있지 않으냐"라고 말한다.

　　세 번째 주인은 카스티야 라 비에자의 스페인 귀족인데 가난하지만 자긍심은 높아서, 배고프다고 울어대는 라사리요 앞에서 검소한 식사가 건강에 좋으며 도덕적으로도 찬미할 만하다고 하루에 두 번씩 이야기한 다. 이에 라사리요는 비아냥거리며 "배고픔은 건강에 너무나 좋다, 그러니 나는 절대로 죽지 않을 거야"라고 탄식하듯 독백을 한다. 헌데 그 주인은 자기가 한 말과는 달리 라사리요가 구걸해서 가져온 음식에 걸신들린 것마 냥 달려드는데, 자신이 음식에 달려들었다는 사실을 비밀로 해달라고 라 사리요에게 신신당부한다. 《라사리요 데 토르메스의 삶》에서 스페인 사회 의 두 가지 기본적 가치인 신앙과 자긍심은 배고픔 때문에 한낱 비웃음거 리로 전락하고 만다.

　　그러나 과연 미각적 쾌락에 대해서 진지하게 서술하는 일이 가능할 까? 음식은 저속한 소재로 여겨져 대부분의 고급 문학 장르에서는 등장하 지 않았다. 몰리에르의 희극에서는 등장인물들이 음식을 먹지만, 코르네 이유의 비극에서는 먹지 않는다. 더욱이 라신의 희곡 중에서는 유일하게 《소송인》이라는 작품에서만 등장인물들이 먹고 마신다. 근세 프랑스 문 학에서 음식은 콩트나 희극소설, 우스꽝스럽거나 저속하고 익살스러운 시, 음란소설 같은 마이너 장르에만 등장했다. 서사시, 비극시, 서정시에서 는 결코 볼 수 없는 소재였던 셈이다.

미각의 쾌락:

17세기 중반까지만 해도 미각에 관한 내용은 요리책에서만 찾아볼 수 있었는데, 미각에 의한 쾌락은 진지한 의학적 견해를 통해서만 언급이 가능했다. 이탈리아 인문주의자 바르톨로메오 사치[1421~1481]의 《참된 즐거움과 건강에 대하여》는 1474년경에 유럽에서 처음으로 출판된 요리서적으로 이미 제목에서부터 '정직한 쾌락과 건강'에 대한 개론서라는 것을 보여주고 있다. 사치는 영양학적 지식과, 고대 유명 저자의 현학적 인용문을 각 조리법과 식료품에 연결시킨다. 사실상 요리개론서의 서문에서 독자에게 전하는 글, 본문, 영양학적 고찰과 갈레노스를 인용하는 문장 등은 미식의 쾌락을 얘기하기 위한 구실일지도 모르겠다. 그래서인지 새로운 프랑스식 요리법이 처음으로 등장하는 《프랑스 요리사》[1651]의 첫머리에 실린 '독자에게 전하는 글'에서도 의학적인 견해가 강조된다.

> "이 책은 건강과 기분을 좋게 유지하는 것을 목표로 할 뿐이다. 이 책은 양질의 양념을 사용하여 질 낮은 고기의 맛을 끌어올리는 법을 가르친다. 건강한 삶을 유지하기 위해 약품이나 약초, 의료요법, 부적절한 치료제에 어마어마한 돈을 쏟아 붓기보다는 양념과 고기에 돈을 적당하게 투자하는 것이 훨씬 더 감미롭고 즐거운 일이다."

진정으로 건강을 염려하는 글일까, 아니면 미각의 쾌락을 언급하기 위한 조심스러운 구실일까? 5년 뒤 《요리사》[1656]의 저자 피에르 드 륀은 헌정사에서 맛있는 음식에 대한 애정을 직접적으로 호소한다.

"당신이 식탁에 올라갈 고기나 요리의 양념을 하실 때, 제가 당신을 도와드릴 수 있는 영광을 주셨습니다. 저는 까다로운 입맛을 만족시킬 비결을 당신께 배웠다고 말씀드릴 수 있습니다. 이 비결을 무덤까지 안고 간다면 후손들이 제게 불평을 늘어놓겠죠. (……) 섬세한 미각의 소유자들은 당신의 비법을 통해 만든 음식을 향유할 것이며, 향연을 벌이는 동안 당신을 떠올릴 것입니다. 그리고 제가 만든 양념이 입맛을 돋울 때마다 그들은 당신에게 몇 번씩이고 축복이 내리길 기원할 것임이 틀림없습니다."

《요리사》의 헌정사는 가히 주목할 만하다. 요리 개론을 저술할 때 미각적 쾌락을 감추기 위한 전통적인 방식인 영양학적 견해를 이용하는 대신, '식도락'이라는 구르망디즈의 새로운 의미에 입각하여 미각적 쾌락을 숨김없이 드러내고 있기 때문이다. 사실 18세기에는 요리책의 서문으로 진지한 글을 쓰는 습관이 여전히 이어지고 있었다. 요리법에 관련한 진지한 논설이 서문으로 실렸으며, 《코무스의 선물》의 유명한 서문은 일종의 선언문이 되기도 했다.

음식을 묘사의 대상으로 삼았던 서양 회화는 미각적 쾌락을 언급하는 데 있어 요리책과 비슷한 길을 걸었다. 서양에서 음식은 르네상스 시대부터 정물화나 풍속화의 묘사 소재로 대단한 인기를 끌었다. 오랫동안 예술사학자들은 풍부한 지식을 동원하여 회화 작품에 묘사된 빵, 포도주, 과일, 채소, 계란, 생선, 고기, 과자 등이 지닌 도덕적, 종교적 의미를 논했다. 빵이나 포도주의 존재에서 그리스도적 상징을 읽어냈으며 벌레 먹은 과일에서 허영의 상징을 발견했다. 그런데 과연 그 정도의 통찰력을 가지고 그림을 그렸을까? 아니면 이 역시도 요리책에 등장하는 영양학적 담론처럼 먹음직스러운 음식을 보여주기 위한 구실에 불과했을까? 벗은 몸을 그리기 위해 신화를 회화의 소재로 채택했던 것처럼 말이다.

이러한 강박관념에서 벗어난 18세기에는 음식에 대한 애정을 보여주기 위해 더 이상 구실을 대지 않았다. 디드로1713~1784는 루브르 박물관 1763번 실에 전시된 샤르댕1699~1779의 정물화 앞에서 대놓고 군침을 삼켰다. "여기 있는 비스킷은 집어서 먹기만 하면 되겠어. 오렌지는 잘라서 즙을 짜내면 될 테고, 포도주는 마시는 거야. 과일은 껍질을 벗겨 먹고, 파이는 칼로 자르기만 하면 되겠군, 그래." 미각의 쾌락에 대해서 이야기할 때 숨김없이 말해야 할까 아니면 종교적, 도덕적, 의학적 수단을 사용해야 할까? 미식문학과 회화에서 내놓은 대답은 놀라울 정도로 유사한 시간적 흐름을 따르고 있었다. 역사학자들은 요리서적을 연구하여 얻은 착상을 통해 16~17세기 정물화와 풍속화의 전통적 해석을 재검토하게 된 것이다.

식도락가로 사는 법:

미식문학의 아버지가 누구냐고 묻는다면, 부유한 징세 청부인의 아들로 태어난 그리모 드 라 레이니에르에게 그 영광을 돌릴 수 있겠다. 여덟 권으로 이뤄진 《미식가 연감》은 찬란한 미래가 보장된 새로운 장르를 탄생케 했다. 바로 미식 비평이다. 《미식가 연감》이 성공을 거둔 것은 그리모의 유쾌한 서술 방식뿐 아니라 대혁명 이후 파리에서 '영양 만점의 코스'나 '식도락가의 산책'이 대단한 인기를 끌었기 때문이다. 그리모 드 라 레이니에르는 《미식가 연감》에서 파리의 훌륭한 레스토랑이나 고급 주택가 근처에서 부지런히 문을 여는 중앙시장, 근교의 유명한 야외술집의 주소를 빠짐없

Les audiences d'un Gourmand.

Dunant del.   Grimod de la Reyniere inv.   Mariage Sc.

《미식가 연감》
2년호 권두삽화, 1804

Les méditations d'un Gourmand.

Dunant del.   A.B.L. Grimod de la Reyniere inv.   Maradan Sc.

《미식가 연감》
4년호 권두삽화, 1806

이 독자에게 제공했다. 고기, 육류 가공품, 초콜릿, 크림, 증류주, 치즈, 과일, 아이스크림, 과자, 구이, 내장, 가금류 등을 제조하거나 파는 파리에서 제일가는 가게들을 줄줄이 나열했다. 그리모는 식기류와 테이블보를 취급하는 상점도 몇 곳 언급했다. 식탁에서의 예술은 미각적 쾌락의 일부를 이룬다는 이유에서이다. 온갖 레스토랑과 카페, 야외술집의 이름이 《미식가 연감》의 지면을 차지하고 있었다. 만다르 가의 '로쉐 드 캉칼'에서는 최고의 굴과 가장 신선한 생선을 맛볼 수 있으며, 이탈리아 대로에 있는 '마담 아르디'에서는 파리 제일의 콩팥요리와 갈비요리를 접할 수 있었다.

그리모는 진정한 식도락가라면 송로버섯을 넣고 얇게 저민 가금류로 만든 에맹세, 송로버섯으로 속을 채운 순대, 가리비 껍데기에 담은 버섯을 먹어보라고 권한다. 야외술집에선 적포도주와 양파로 양념한 생선요리 마틀로트를 맛보고 카바레에선 닭고기를 소스에 익힌 스튜, 곧 프리카세를 먹어봐야 한다. 그리모는 가게의 위치를 자세히 적은 뒤에 분위기나 장식, 추천메뉴를 몇 줄로 시원스레 적었다. 가격도 언급하는데 바가지를 씌우는 가게에 대해서는 비난도 서슴지 않았다.

주인이 기분 좋게 환대해주는지, 명성이 높아졌는지 낮아졌는지 혹은 그대로인지, 주인이 바뀌었는지 등도 빠짐없이 서술했다. 새로운 메뉴, 특히 단 과자와 당과류에 속하는 신메뉴는 잊지 않고 언급했다. 마지막으로 노간주나무_{측백나무과에 속하는 상록교목} 열매즙에 담근 개똥지빠귀 요리나 속을 채운 토마토 파르시 같은 조리법도 몇 가지 소개했으며, 좋은 제품을 고르는 요령을 일러주며 제철이 중요하다는 충고 역시 빼놓지 않았다. 또한 《미식가 연감》에서는 식도락의 에티켓, 즉 '식도락가의 윤리와 예의 조항'도 선보였다.

    1808년 그리모는 위에서 언급한 것을 전부 망라하여 《식사접대자의 지침서》로 한데 모았다. 《식사접대자의 지침서》는 '즐겁게 사는 방법과 남을 즐겁게 하는 방법에 대한 일종의 교리문답서'처럼 여겨졌다. 식사 초대장을 어떻게 쓰고 언제 보내야 하며, 손님의 자리 배치는 어찌 하고 식사접대자의 의무는 무엇인가 등이 그리모가 지침서에서 주로 다룬 주제였다. 그는 식도락과 예의, 올바른 매너가 긴밀하게 연결되어 있다고 생각했다. 진정한 식도락이란 근본적으로 일종의 예의이며 생활 속 예술이다. 이러한 정의가 만들어진 이후부터 식도락은 배워나가는 것이 되었기 때문에 아이에게 '식도락가'라고 하는 것은 부적절한 표현이었다. "아이를 식도락가라고 부르는 것은 지나치게 경의에 찬 표현이다. 잘 먹는 아이는 그저 대식가일 뿐이다. 음식의 섬세한 맛을 구분할 수 있는 지식과 경험이 부족하기 때문이다."

    식도락가로 사는 법에 대한 입문서는 그리모 작품의 핵심을 이루었으며, 예의범절서의 전통을 이어받고 있었다. 이 책의 목적은 "'식도락 예절'의 관습과 관례를 알리고 이를 실천하게끔《식사접대자의 지침서》하며 대혁명이 일어난 혼합적 정치·사회 환경에서 탄생한 엘리트들에게 앙시앵 레짐의 예의규범을 익히게 하는 데 있었다. 쾌활한 식도락가를 정의하는 것은 제대로 된 식사 예절과 화술이다. "손님이든 접대자이든 즐거운 대화를 해야 하며 성격이 명랑해야 한다. 그렇지 않으면 최고의 연회라 할지라도 금세 슬프기 짝이 없는 제사상으로 돌변할 것이다." 그리모는 식도락에 얽힌 일화와 즐거운 이야기를 잔뜩 들려주며 세련되고 재치 있는 대답, 기지 넘치는 표현을 아끼지 않는데, 대화를 할 때는 너무 혼자서만 말하지 않도록 주의하라고 충고한다. "제오프랭 부인이 어떤 시골사람에게 해준 현명

〈식도락가에게〉
필리베르 루이 드뷔쿠르, 라메종 코르슬레(유명 레스토랑)의 간판
카르나발레 박물관, 파리

한 충고에 따르면, 식사를 할 때는 커다란 나이프와 소소한 이야기들로 무
장해야 한다.”《미식가 연감》은 권마다 식사를 즐겁게 수놓을 좋은 구절과
짧은 이야기를 여러 개 싣고 있다.

> “구운 젖먹이 돼지가 식탁에 올라오면 그 즉시 모든 걸 멈추고 ‘돼지를
> 신사로 만들어’줘야 한다. ‘신사로 만들다’라는 프랑스 고어 표현은 ‘목
> 을 자르다’라는 뜻이다.”
> “‘미사를 볼 때만 쓰기에는 포도주가 너무 많다. 그렇다고 포도주로
> 물레방아를 돌릴 만큼 많은 것은 또 아니다. 그러니 포도주는 그냥 마
> 셔야 한다.’ 참사회 수도원의 재정 담당자가 자주 했던 말이다.”
> “파르망티에 씨야말로 감자 요리의 호메로스, 베르길리우스, 키케로
> 라 할 수 있는 사람이다.”

식도락가들은 포도주 기운을 빌려 권주가를 몇 구절 부르기도 했으며 여성들은 음란한 구절에 '의식적으로' 얼굴을 붉히기도 했다. 즐겁고 유쾌한 대화에서 정치처럼 논란을 불러일으킬 수 있는 주제는 피해야 했다. 당시는 대혁명 직후의 시대가 아니었던가. 반면 "문학, 공연, 사교, 사랑 그리고 잘 먹는 기술은 즐거운 대화에 끝없이 등장하는 주제였다."

단어의 품격:

내용과 형식면에서 완전히 새로운 문학 장르를 만들어낸 그리모이지만 '식도락가구르망gourmand'라는 단어의 품격을 높이는 데는 실패했다. 19세기 유럽에서는 여전히 모호한 의미로 기독교적 냄새를 다분히 풍기던 '구르망'보다 '미식가가스트로놈gastronome'라는 단어를 선호했는데, 그 때문에 그리모가 '구르망'이라는 단어를 사용한 것은 일종의 도발이었다. 그는《미식가 연감》이 세 번째 해를 맞이하고 나서야 그 이유를 설명한다.

> "아카데미 사전에 따르면 '구르망'은 '대식가glouton'의 동의어이며 '구르망디즈'는 '대식gloutonnerie'의 동의어이다. 우리가 보기에 이것은 정확한 정의가 아니다. 채워지지 않는 왕성한 식욕에 대한 무절제라는 특징을 드러내려면 '글루통'이라는 형용사를 계속 사용해야 한다. 교양 있는 사람들은 몇 년 전부터 '구르망'을 훨씬 더 호의적으로 받아들였고, 심지어는 품위 있다고 여겼다."

예의범절의 범주에서 구르망의 품위를 높이려는 시도가 여전히 계속되고 있었다. 진정한 식도락가구르망와 지저분한 대식가글루통는 도덕과 교육, 외모 등 모든 면에서 대비되었다. 그리모가 묘사했던 식도락가란 음식물의 정수를 느끼기 위해 음식을 천천히 씹는 사람으로, 생각이 깊으며 성격이 차분하다. 식도락가를 규정하는 신체기관은 '입천장'이며, 위는 하나의 도구에 불과하다. '까다로운, 특정 음식을 좋아하는, 세련된'이라는 호의적 형용사와 관련된 '입천장'은 미각이라는 뜻도 가지고 있으며 구르망의 동의어가 되었다.

이 단어는 식사의 쾌락을 지적인, 혹은 정신적인 것으로 만드는 데 일조했다. 미식 비평과 미식문학의 기초를 세운 그리모는 미각적 쾌락과 지적인 훈련을 결합시켰다. 형식을 이용하여 내용을 바꿈으로써, 소식小食을 영혼의 고양과 정신적 노동의 필수조건으로 여기는 기독교의 오래된 전통을 깨부수는 것이었다. '구르망디즈'는 더 이상 '복부와 음부'라는 불명예스러운 두 개념의 결합이 아니라, '입천장과 뇌'라는 듣기 좋은 두 개념의 결합이 되었다. 매해《미식가 연감》의 첫 장을 장식하던 권두삽화에 그려진 식도락가의 모습은 이러한 신체적 변화를 입증한다.

그리모가 '미식 애호가구르메'와 '단 과자프리앙디즈'라는 단어를 사용한 것도 당시 계속되던 어휘 변화의 일종이었다. '구르메'는 주로 포도주의 세계와 관련이 있었지만, 그리모는 이 단어를 형체를 지닌 음식물에도 연결시켰다. 피에르 라루스의《세계 대백과사전》에는 구르메가 '좋은 포도주와 세련된 요리를 가려낼 줄 아는 사람'이라고 정의되어 있다. 19세기에 '포도주 양조학자oenologue'라는 단어가 생겨났기 때문에 구르메는 가스트로놈미식가의 의미와 더 가까워진다. 한편 '프리앙디즈'라는 단어의 정의를 보면 짠 음식을 포기하고 단 음식만을 가리키는 경향이 나타나며 여성과 아이의 세계와 주로 인연을 맺는다.

"프리앙디즈라는 단어는 온갖 종류의 달콤한 과자들, 다시 말해 설탕이 주성분을 이루는 과자들이 가지고 있는 맛과 특히 어울린다. 그래서 잘 차려진 식탁에서 '식도락가^{구르망}'의 역할은 앙트르메에서 끝나고 '단 것을 좋아하는 사람^{프리앙}'의 역할이 디저트에서부터 시작되는 것이다."

'프리앙디즈'는 '단 과자'의 동의어가 된다. 한 프랑스 작가의 다음 글귀에 나타나는 단 과자의 문화적 가치 하락에 주목하길 바란다. "진정한 미식가는 구이를 먹은 다음 저녁을 마친다. 그 이후에 먹는 것은 겉치레, 혹은 예의를 차리는 일에 지나지 않는다."

정통 미식가의 탄생 :

19세기 초 프랑스 미식 어휘 정립에 가장 큰 공헌을 한 것은 변호사 조셉 베르슈1775~1838와 그의 시 《가스트로노미 혹은 전원의 식사하는 사람》1801이었다. 베르슈의 시가 놀라운 성공을 거둔 것은 무엇보다도 '가스트로노미미식법'라는 단어와 관련이 있다. 가스트로노미란 그리스 시인 아르케스트라토스의 유실된 시 한 편의 제목을 프랑스어로 옮긴 것이다. 시의 본문은 유실되었지만 그리스 수사학자 아테나이오스의 《학자의 향연》에 인용되면서 그 존재가 알려졌다. 가스트로노미는 문자 그대로 '위gastros'의 '규칙nomos'이라는 뜻으로, 그리모가 '진정한 식도락gourmandise'에 부여하려고 했던 의미와 정확하게 일치한다. 이 단어는 구르망/구르망디즈가 지녔던 종교적 모호성을 교묘히 피해가면서 미식이라는 개념을 일종의 예술이자 에티켓이라 규정한다. 그리모조차도 《미식가 연감》의 5년째 호부터는 '미식가'와 '미식법'라는 단어를 사용했다. 갓 태어난 미식 담론이 성공을 거두는 데 기여한 마지막 요소로 미식을 사랑한 판사, 장 앙텔므 브리야 사바랭1755~1826의 작품이다. 그의 작품은 1825년부터 2백 년이 지난 오늘날에 이르기까지 전 세계적으로 꾸준히 재판되어 미식의 경전으로 불린다. 일생일대의 대작 《브리야 사바랭의 미식 예찬》은 두 가지 목표에 초점을 맞추고 있다. 구르망디즈가 무엇인지 정의하고 미식의 이론적 기초를 확립하는 것이다. 그리모와 마찬가지로, 브리야 사바랭도 자신의 작품에서 구르망디즈를 식탐, 대식, 폭음과는 구분하고 있다. 브리야 사바랭에 따르면 구르망디즈는 무엇보다도 사회적 신분의 표지이자 에티켓이고 요리는 일종의 예술이다.

《브리야 사바랭의 미식 예찬》의 원제는 《미각의 생리학》1825년 판으로 식사의 쾌락에 대해 학문적인 접근을 시도한다는 데에 그 독창성이 있다. 일종의 학문처럼 묘사된 미식법에는 나름의 학회뿐 아니라 미식 강좌, 미식 이론 연구가, 이론을 적용할 요리사가 있어야 한다. 자칭 미식법 교수인 브리야 사바랭은 관찰과 경험에 입각한 미각의 '생리학'이라는 학문적 미식 이론을 제안한다. 미각의 생리학이라는 새로운 학문은 인체생리학과 관상학의 성격을 지니고 있으며 화학과 해부학, 영양학뿐 아니라 사학과 민족지학까지 끌어오고 있다. 미각의 쾌락과 진지한 학문을 양립시키려 한 브리야 사바랭은 일화와 좋은 글귀, 권주가, 완벽한 저녁식사를 위한 조언, 역사적 일화 그리고 탁월한 경구로 성찰록을 구성한다. 작품의 중간중간에 미식의 나라라는 프랑스의 이미지를 굳건히 하며, 18세기 후반의 예를 들어가면서 루이 15세 시대에 누렸던 높은 명성을 유지하는 데 일조한다.

"브리야 사바랭 이후로, 사람들은 자신이 미식전문가가스트로놈인 사

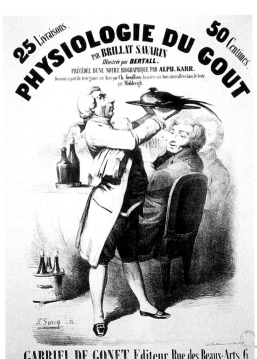

《브리야 사바랭의 미식 예찬》
1825년 판

《브리야 사바랭의 미식 예찬》
1825년 판에서 발췌한 판화

미식 애호가 알렉상드르 뒤마의 《요리대사전》에서 발췌한 조리법
알렉상드르 뒤마의 굴 오믈렛. 1905

실은 부끄러워하지 않으나 대식가^{구르망} 혹은 주정뱅이로는 절대 취급받고 싶어 하지 않는다. 대식가는 음식을 집어삼킬 줄밖에 모르기 때문이다." 어휘학자 피에르 라루스가 《세계 대백과사전》1866~1876에서 '가스트로노미'에 부여한 정의이다. 이는 브리야 사바랭과 미식가 그리모 드 라 레이니에르를 발판 삼아 놀라운 성공을 거둔 동시에, '구르망'과 '구르망디즈'의 고급화에는 실패했다는 사실을 보여준다.

승승장구하는 미식담론:

프랑스에서 만들어진 미식담론은 근본적으로 프랑스라는 한 나라의 것이지만, 세계적 보편성을 주장하는 프랑스적인 자만심을 보여주고 있다. 기나긴 19세기 동안 프랑스 미식담론은 유럽의 여러 다른 나라에 자리 잡았다. 프랑스어에서 차용한 어휘들이야말로 이를 가장 확실하게 입증해주는 증거이다. 예를 들어 1820년부터 '미식 애호가gourmet'라는 단어가 영어에 편입된다. 구르메gourmet에 이어 가스트로노미gastronomy, 1814, 가스트로노머gastronomer, 1820, 가스트로노믹gastronomic, 1828, 가스트롤로지gastrology, 1810, 가스트로롱거gastrologer, 1820, 가스트로노미스트gastronomist, 1825, 가스트로노무스gastronomous, 1828, 가스트로필gastrophile, 1820, 가스트로소피gastrosohpy, 1824 그리고 '너무나' 매력적인 구르망드레gourmanderie, 1828에 이르기까지, 수많은 신조어가 뒤따라 생겨났으며 이 중 몇몇은 성공을 거두지 못하고 사라졌지만 미식의 이론화에 프랑스의 역할이 선도적이었다는 사실을 뒷받침한다. 미식 분야에서 프랑스의 영향력은 단순히 프랑스어를 차용하게 하는 데에 그치지 않았다.

　《미식가 연감》에서 영감을 얻은 영국의 《미식가epicure 연감》1815은

런던의 레스토랑과 가게를 독자에게 하나하나 소개하고 있으며, 그리모는 《미식가 연감》 1년호의 독일어 번역본 《식도락가 연감》을 자랑스럽게 언급하기도 했다. 1810년에 베르슈의 시는 《미식법, 혹은 식도락가의 안내서》라는 제목을 달고 영어로 번역되었으며, 10년 뒤 스페인어로 번역되었다. _{《미식법, 혹은 식사의 즐거움(1820)》} 이탈리아어로는 1825년에 처음 번역되었고 _{《미식법, 혹은 제대로 먹는 기술》} 1838년에 재번역되었으며 _{《미식법, 제대로 먹는 법에 대한 가르침》} 1856년에는 포르투갈어로도 번역되었다. 《브리야 사바랭의 미식 예찬》으로 말하자면 1912년에 심지어 헝가리어로까지 번역되었다.

그리모, 베르슈, 브리야 사바랭의 작품이 수없이 번역되었다는 사실은 프랑스 미식담론을 접하는 독자층이 사회적으로 확대되었다는 것을 보여준다. 왜냐하면 작품을 원어, 즉 프랑스어로 읽을 수 있는 19세기 유럽 상류층에게는 번역본이 필요 없었기 때문이다. 영국 미식가 랜슬롯 스터전이 1822년에 《도덕적이며 철학적인, '위에 좋은' 에세이: 행복하게 사는 법에 대하여》에서 미식가에 대해 내린 진정한 정의를 보자. 이는 그리모의 작품이 영국에서도 유명했다는 사실을 입증해준다.

"대식이란 식욕에 전력을 다하는 일에 지나지 않는다. 햄샤이어의 비계조각을 가장 게걸스럽게 먹는 사람은 오직 그 놀라운 식욕으로만 코르포라시옹의 가장 질 좋은 거북이를 먹는 사람에게 대적할 수 있다. 미식 애호란 '하늘이 내려준 최고의 선물', 즉 세련된 미각과 좋은 음식을 고를 수 있는 섬세한 입맛의 결과이다. 거북이를 먹는 사람은 입천장으로 맛을 느끼려고 먹고, 비계조각을 먹는 사람은 배를 채우려고 먹는다."

19세기 영국 미식문학은 그리모 드 라 레이니에르와 브리야 사바랭이 탄생시킨 프랑스 미식문학과 유사했다. 20세기 영국 미식문학에 관해 말하자면, 영국에 정착한 프랑스인 앙드레 루이 시몽이 다작多作으로 유명했다. 밀라노 의학자 조반니 라즈베르티의《대중에게 설명하는 접대의 기술》1850처럼, 이탈리아 미식문학 역시 프랑스 문화모델의 영향 아래 있었으며 'bongustaio'는 프랑스의 '미식가'에 해당하는 이탈리아 단어이다. 스페인도 프랑스 미식담론의 헤게모니를 벗어나지 못했다.

마드리드의 요리사 앙헬 무로1839~1897는 뒤마와 브리야 사바랭, 그리모 드 라 레이니에르, 요리사인 카렘과 구페를 미식계의 거장이라고 주장했다. 파리에서 21년간 살았던 앙헬 무로는《요리 일반사전》1892과 1894년부터 1928년까지 34번 이상 재판된 스페인 '베스트셀러' 요리책《요리실무》1894의 저자이다. 무로는 그의 요리책에서 주요한 프랑스 미식 관련 작품을 참조하고 해설하며 인용한다.《요리실무》의 식사 예절을 다루는 장은 브리야 사바랭의 유명한 경구로 시작된다. "짐승은 먹이를 먹고, 사람은 밥을 먹으며, 지성인만이 제대로 먹는 법을 안다."

문화유산으로서의 미식:

미식문학 덕에 지위가 상승된 미식은 문화유산의 지위에 올랐음을 자처할 수 있었다. 더욱이 여가활동이 발달한 20세기 사회에서 지역특산요리는 관광의 성패를 좌우하는 주요한 수단이 되었다. 자동차의 발달과 밀접하게 연관된 식도락 관광은 여행 가이드 열풍의 덕을 톡톡히 보았다. 맛있는 레스토랑, 혹은 높은 별점을 받은 레스토랑을 찾아 떠나는 '맛의 여정', 그 기원에는 한 프랑스 타이어 회사가 있었다. 미슐랭 가이드는 1901년에 처음 출간되었으며 1920년대부터는 요리를 추천하고 레스토랑에 별점을 매겼다. 그렇기 때문에 프랑스 미식 역사의 전당은 부르고뉴와 리옹을 거쳐 파리와 코트다쥐르를 연결하는 대간선도로에 있었다.

1930년대부터 이탈리아에서도 자국의 풍요로움을 보여주는 지역특산요리를 소개하는 맛의 여정이 생겨나기 시작했다. 특히 투어링 클럽의 《이탈리아 미식 가이드》[1931]나 파올로 모넬리의 《방랑하는 미식가》[1935]가 이러한 맛의 여정을 소개했다. 판을 거듭함에 따라 여행 가이드에는 지역특산요리가 점차 문화유산, 즉 찬란한 유적이나 역사적 기념비, 또는 지역의 영광스런 유산이 지닌 고급스러운 이미지에 연결되는 모습이 나타났다. 공공기관, 국립기관, 유럽 내 기관에서 부여한 현재의 원산지통제명칭A.O.C, 원산지보호명칭A.O.P, 지리적표시I.G.P 제도 역시 '정치적 정당성'의 원칙에 따라 만들어낸 맛의 지형을 통해 지역특산물을 문화상품으로 만들며, 이 사실을 소비자들에게 각인시키는 데에 일조한다.

소비자들은 상품에 붙은 라벨을 보며 상품의 원산지와 제조노하우, 역사를 높이 평가하게 된다. 관광객은 해변과 휴가캠프는 젖혀둔 채, 포도주 탐방을 떠나고 맛집을 방문하며 지역미식문화를 맛보고 싶은 마음을 갖게 된다. 유럽 언론을 보면 미식은 '요리'란에서 주로 다뤄질 뿐 아니라 여행이나 일상탈출, 주말에 갈 만한 곳을 다루는 기사에서도 다뤄진다. 오늘날에는 문화라는 구실을 통해 식탐을 충족시킬 수 있다. 미각적 정체성은 도시와 지역, 나라와 결합될 수 있는데 이는 요리의 이름을 통해서만 가능하다. 벨기에가 가장 대표적인 예이다. 몽타녜와 고트샬크의《미식의 라루스 사전》[1938]은 벨기에를 마치 '수준 높은 식도락의 나라', '식도락의 땅'처럼 묘사한다. 벨기에 요리에 이 같은 수식어가 붙은 것은 플랑드르의 워터주이삶은 닭고기 요리나 왈롱의 포테돼지고기 야채스튜 등 요리의 양이 푸짐하며, 장인적 노고가 필요한 식품초콜릿, 맥주의 명성이 높고, 벨기에인의 특징이라고 하는 화기애애한 분위기 덕분이었다. 이 같은 이미지는 20세기 초반 몇십 년 동안 진행된 역사적인 이미지 구축을 통해 만들어졌다. 벨기에 요리의 이미지를 요르단스나 루벤스, 브뢰헬 같은 플랑드르 화가의 작품에 등장하는 탐식 장면에 연결시킴으로써 1830년에 세워진 신생국가의 정체성을 강화하기 위해서였다. '벨기에 정신'이란 것이 존재한다면, 식도락 역시 벨기에의 특징 중 하나가 될 수 있을 것이다.

구르망디즈가 일종의 배움이고 문화일 뿐 아니라 '정체성을 가지고 살기', 다시 말해 어떤 공동체가 자기 존재를 스스로 확인할 수 있게 해주는 유산이 된 순간부터, 미식은 문화유산으로 등록되기에 아무런 손색이 없는 존재가 되었다. 프랑스는 2010년 유네스코 세계무형문화유산에 자국의 미식美食을 등재하기 위한 후보 신청서에서 화기애애한 분위기, 맛있는 음식을 먹는 기쁨과 접대의 기술을 핵심사항으로 들었다. 결국 여기서 제안하고 있는 미식의 정의는 그리모 드 라 레이니에르가 예전에 주장했던 '구르망디즈'의 의미를 받아들이고 있는 셈이라고 할 수 있다.

〈샹젤리제 대로, 글로프 빵집〉
장 베로, 1889, 카르나발레 박물관, 파리

6

식탐, 여성의 결점

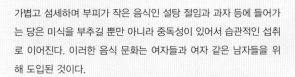

가볍고 섬세하며 부피가 작은 음식인 설탕 절임과 과자 등에 들어가
는 당은 미식을 부추길 뿐만 아니라 중독성이 있어서 습관적인 섭취
로 이어진다. 이러한 음식 문화는 여자들과 여자 같은 남자들을 위
해 도입된 것이다.

브리야 사바랭, 《브리야 사바랭의 미식 예찬》
성찰 11 〈미식법에 관하여〉

식탐,
여성의 결점

사블레 후작 부인1598~1678의 식사는 프랑스 귀족 요리
의 최고봉이라는 평판이 자자했다. 왕의 친형제가 후작
부인에게 넘긴 요리사들은 당근 포타주, 양고기와 소고
기 스튜, 자두 넣은 닭고기 등 최고의 요리를 선보였으며,
후작 부인은 그 요리들을 먹고 크게 감동했다. 과일 설탕 조림 비법이 탐난
라로슈푸코는 후작 부인의 조리법과 자신의 잠언을 교환해 그녀의 '마멀레
이드 만드는 비법'과 '진정한 과일 설탕 조림'의 비결을 배우고자 했다. 프랑
스의 작가인 탈망 데 레오1619~1692의 신랄한 묘사에 따르면 후작 부인은
두말할 나위 없이 식탐에 가득 찬 사람이었다. 그녀는 식도락가인 척하면
서 짜거나 단맛의 간식거리를 끝도 없이 만들어냈다는 것이다. 후작 부인
의 조리법은 당시 새로운 요리법을 처음으로 소개했던《프랑스 요리사》1651
와 비교되었는데, 그녀는 이 책이 '아무런 가치가 없으며 많은 사람을 기
만한 죄로 벌을 받아' 마땅하다고 비난했다. 그녀는 세상에서 가장 섬세한

입맛을 가졌다고 자부했으며, '맛있는 음식을 전혀 맛볼 줄 모르는 사람'은 용납할 수 없다고 했다. 후작 부인의 친구 중 한 사람은 그녀에 대해 이런 평가를 했다. "그녀가 아무리 노력해도 집에서 악마를 쫓아내지는 못할 것입니다. 그녀의 요리에는 이미 악마가 녹아들어 있기 때문입니다." 또한 탈망 데 레오는 "덧붙이자면 부인은 독실한 신자가 되었을 때부터 '즐거운 것'을 좋아하는 세계 최고의 탐식가friande가 되었다"라는 문장으로 부인의 식탐과 위선을 강조하며, 그녀를 향해 의심의 눈길을 보내곤 했다.

탈망 데 레오가 말한 탐식가 즉, '프리앙드friande'는 미식을 좋아한다는 의미 외에도 성적으로 자유분방하다는 이중적인 의미를 지니고 있는데, 그는 이 문장으로 프리앙드라는 단어가 지닌 성적 모호성을 십분 활용했다. 프리앙드가 지닌 성적 모호성은 프리포네리friponnerie(간식거리 혹은 여성의 교태―옮긴이)라는 단어로 반복되며 이는 가벼운 연애를 좋아한다는 의미를 내포하는 동시에 식탐이 많은 여성의 결점이라 여겨지는 '강한 성욕'을 뜻한다.

30년 뒤 다양한 저술활동을 한 소설가이자 풍자작가이면서 사전편찬가였던 퓌르티에르1619~1688는 "여자들은 주머니에 항상 간식거리de quoi friponner를 넣고 다닌다"라는 단 하나의 문장으로 '간식을 먹다friponner'라는 동사를 설명한다. 그야말로 '여성의 식탐'을 요약한 문장이라 할 수 있다. 당시 여성의 식탐은 단맛의 간식거리를 좋아하는 '단맛 취향'처럼 이해되었는데 이러한 여성의 식탐은 여성에 대한 편견, 즉 '모자란' 성별이 지닌 선천적 결함을 상징한 것이기도 했다.

여성과 달콤한 맛:

여성이 달콤한 맛을 선호하는 것은 어제오늘 일이 아니며, 이는 이미 중세 시대 후기부터 성직자들이 하던 이야기였다. 성직자들은 여성이 단 것을 끊임없이 먹어댄다고 비난했고, 이 때문에 남편을 망칠 수도 있다고 걱정하기까지 했다. 18세기 초에 설탕 섭취에 대해 긍정적 입장을 표명했던 의학자 프레드릭 슬레어는 《월리스 박사의 고발에 맞서기 위한 설탕 옹호론》이란 책을 '숙녀 여러분'에게 헌정한다고 밝혔다.

반교권주의자들은 여성의 세계에 속한 식품인 설탕을 남성이 먹는 것은 여성스러운 남자나 하는 행위라는 고정관념을 지녔다. 그 때문에 단 것을 선호하는 수도사의 취향은 여성의 세계와 연결시켜 이해되곤 했다. 여성과 설탕이라는 연결고리는 사람들의 머릿속에 굉장히 강력하게 각인되어 20세기 중반만 하더라도 여성잡지에서는 임산부에게 딸을 낳으려면 단 음식을, 아들을 낳으려면 짠 음식을 먹으라고 권고할 정도였다.

사회 전체에 널리 퍼진 오래된 관습은 음식을 통해 확인할 수 있다. 여성과 설탕을 문화적으로 동일시하는 현상 역시 이와 같은 맥락에서 접근할 수 있다. 1568년 메츠 시ᵐ는 젊은 왕 샤를 9세와 왕비 카트린느 드 메디시스에게 자두의 일종인 미라벨 설탕 절임을 헌상했으며, 1678년에는 껍질을 깐 미라벨 칠십 통과 흰 나무딸기 삼십 통으로 구성된 말린 설탕 절임 과일젤리 백 통을 루이 14세의 왕비 마리테레즈 도트리슈에게 바쳤다.

19세기 초 《미식가 연감》에는 매 호마다 파리 당과점의 창의성에 대한 칭찬이 화려하게 실렸다. 파리의 과자점에서는 새해 선물을 찾는 신사들에게 새로 나온 과자를 부인들에게 선물하라고 권했다. 과자점에서 파는 제품의 이름은 시사하는 바가 굉장히 풍부했는데, 뒤발 과자점에서

〈여자 파티쉐〉

니콜라 드 라르메생, 판화, 17세기 말, 프랑스 국립도서관, 파리는 '매력, 우아함, 충실함, 부드러움, 의연함'이라는 이름의 과자들을 팔았고, 캐러멜에는 격언을 한 줄씩 담아 팔았다. 베르텔모 과자점에서는 '여신의 과자, 사랑의 장미, 사랑의 잠, 사랑의 소라고둥, 비너스의 잠'이라는 과자와 리큐어 술을 넣은 당의정糖衣錠을 내놓았다. 오늘날에도 여전히 앵글로·색슨 사회를 중심으로 아시아에까지 밸런타인 데이가 오면 애인에게 초콜릿과 달콤한 과자를 주는 풍습이 있지 않은가. 중세시대부터 내려온 이러한 풍습은 연인 간에 단 음식을 선물로 주는 습관으로 계속 이어지고 있다. 세계적으로 유명한 이탈리아 초콜릿 '바치 데 페루지나' 통에 장식된 '푸르스름한 밤을 배경으로 서로를 껴안은 연인의 모습' 역시 이러한 문화적 전통을 이어받은 셈이다.

달콤한 음식을 준비하는 일은 안주인의 특권에 속한다. 올리비에 드 세르의 《농업의 현장》1600에 나오는 훌륭한 주부는 다음과 같이 행동한다. "부모님과 친구가 예정 없이 방문하더라도 예를 갖춰 기쁜 마음으로 대접한다. 손님들에게 오래전부터 준비한 다양한 당과를 내놓는데, 그 맛과 아름다움이 대도시의 최고급 당과에 지지 않는다. 이런 시골에는 당과를 파는 가게도 없다. 그녀는 오직 하인의 도움만을 받아 그 훌륭한 당과를 만들어냈다."

페늘롱 주교1651~1715는 여성의 의무를 언급하면서 여성은 하인의 업무를 제대로 파악하고 있어야 하며 하인을 다스릴 줄 알아야 한다고 주장했다. 《여자아이들의 교육》1696 제12장에 그 예가 나와 있다. 이 장에서는 '과일'을 주제로 디저트 내놓는 법에 대해 서술했다. 스페인의 황금기에 귀족 여성 사이에 대대로 전해져 내려온 조리법은 주로 단 과자에 집중되어 있다. 예를 들어서 그 유명한 투론아몬드나 호두를 넣은 과자뿐 아니라 카르네 데 멤브릴로^{서양모과 젤리}, 호잘드레스^{잎을 포갠 모양의 케이크}, 로스키야스^{가락} ^{지 모양의 과자}와 수프리카치오네스, 프랑스어로는 우블리 또는 플레지르라고 불리는 원뿔 모양의 작은 웨하스가 있다. 이는 영국에서도 마찬가지였는데 제르바스 마컴의 《영국 가정주부》¹⁶¹⁵에 따르면 연회를 준비하는 법을 모르는 여성은 "훌륭한 안주인의 소양을 반밖에 갖추지 못한 것"이라고 한다. 여기서 연회를 준비하는 법이란 과일과 단 음식, 서양모과 페이스트, 향신료가 들어간 빵, 아몬드 과자, 웨하스, 젤리, 과일 설탕 절임, 와든^{구운} ^배, 점발스^{머랭과자}, 밴버리 케이크^{건포도를 넣은 잎 모양의 케이크} 등을 조화로이 내놓고 젠트리^{중세 후기에 생긴 중간계급} 일원의 기쁨을 배가하기 위해 여기에 이포크라스를 곁들이는 것을 말한다.

한 세기 반 뒤 영국인의 단맛 취향은 훨씬 확실해졌고, 한나 글라스는 《숙달된 당과 제조인》^{1760년경}에 "당과를 준비하고 디저트를 내놓는 일은 얼마나 유쾌한 즐거움인가"라고 적었다. 안주인은 설탕이나 도자기 또는 색이 들어간 젤리로 만든 조각 위에 디저트를 우아하게 내놓음으로써 자신의 솜씨를 뽐냈고, 달콤한 요리에 장식을 함으로써 여성성과 자신의 예술적 능력을 발휘하기도 했다. 그리모 드 라 레니에르는 그것을 두고, 거만하게도 '조잡한 장식품'이라고 말했지만 말이다.

차별받는 여성:

오래전부터 여성을 단 과자, 부드러움, 디저트의 세계에 강력하게 연결시키고 이 둘을 문화적으로 동일시하는 관행을 살펴보면, 미각적 쾌락과 관련하여 남성이 여성에게 어떤 지위를 부여했는지 잘 알 수 있다. 다시 말해 '여성은 미식을 감정할 수 있는 실제적인 능력이 있는가? 혹은 여성이 섬세한 미식 애호가나 포도주 전문가가 될 수 있는가? 또는 여성에게 선천적으로 미식을 즐길 수 있는 능력이 있는가?'라는 질문을 제기하는 셈이다. 이같은 질문에 19~20세기의 프랑스 미식 담론은 매우 명확하게 대답한다. 미식 담론의 토대를 세운 그리모와 브리야 사바랭의 저서에서는 이미 여성을 달콤한 맛만 즐기는 존재라고 한정했으며, 여성에게는 고차원적인 미식과 관련한 능력이 일절 없다고 선언했다. 더욱이 여성은 단 과자와 디저트, 즉 '단맛 취향'을 아이들과 공유한다고 언급했다. 그리모는 디저트가 특히 "아이와 예쁜 여성이 좋아하는 음식"이라고 강조했으며 이런 면에서 여성들이 어린아이와 같다고 했다.

여성과 아이가 단 과자를 좋아하는 것은 이들이 설탕에 대한 기호嗜好를 타고나기 때문이라고 설명했다. 설탕을 좋아하는 데에는 아무런 배움도 필요하지 않으므로, 설탕에 대한 기호는 부족한 존재 또는 완전하지 않고 미성숙한 존재에게 완벽하게 어울린다는 것이다. 파리에서 1804년에 상연된 1막짜리 경가극 〈미식 애호가의 학교〉에서는 이러한 가설을 다시금 보여준다. 그 내용은 이렇다. 미식 애호가인 구르망댕 씨가 단 과자를 좋아하는 여동생 캐러멜 부인에게 미식법을 가르치려 한다. 하지만 그녀는 관심도 없을 뿐더러 전혀 말을 듣지 않는다. 여성의 미성숙함을 표현하는 대목이다.

사교계 신문기자 네스토르 로크플랑1805~1870은 도시의 저녁식사를 정의하면서 다음과 같이 적었다. "만약 저녁식사가 미식의 일부라면 이는 진지한 만남이자 심각하게 요리를 분석하는 자리가 될 것이다. 그러나 미식 애호가, 세련된 음주가, 섬세한 미식가 들의 의견을 구하기 전에 제일 먼저 해야 할 일은, 바로 모인 사람들 중에서 여성을 제외하는 것이다."

《파리지엔》, 1869 즉, 여성은 요리를 맛보는 남성의 정신을 흐트러뜨린다는 것이다. 이러한 논거는 샤티용 플레시스의 《19세기 말의 식사 생활》1894에도 언급되었다. "지성적으로 요리를 평가하려면 남자들끼리 식사하는 편이 훨씬 좋다. 매력적인 여성이 동석할 경우, 예의범절이라는 명목 아래 강요되는 의무 때문에 처참한 결과가 초래되기 때문이다."

그리모와 브리야 사바랭에게 여성과 함께 식사한다는 것은, 여성들의 매력을 즐기거나 하얗고 섬세한 손으로 포크를 들고 고기조각을 부드럽게 찔러 새빨간 입술에 가져가는 모습을 감상하기 위해서이지 절대로 요리나 포도주에 대한 여성들의 의견을 듣기 위해서가 아니다. 그리모 드 라 레이니에르가 발간한 정기간행지 《미식 애호가와 아름다운 여인들의 신문》은 그 제목부터 성적 이분법을 보여준다. 이 제목은 《프랑스 미식가 혹은 현대식 카브cave의 저녁식사》로 바뀌었는데, 왜 바뀌었는지를 설명하는 대목에 성적 이분법이 가장 명백하게 드러난다. "프랑스 샹송이 아름다운 여인들에게 헌정될 때도 있듯이 우리도 항상 여인들을 칭송하고자 하는 마음이 있지만, 우리의 연회와 아름다운 여인들을 연결시키는 것은 불가능하다. 《미식 애호가와 아름다운 여인들의 신문》은 우리 신문과 맞지 않으므로 우리 직감에 따라 더 잘 어울리는 제목을 새로 지었다."

19세기의 프랑스 소설에서 미식가는 당연히 남성으로 그려진다. 미식 애호가인 바슐라르는 영국의 유명한 카페에 지인들을 초대한다. 그러나 남자들만 초대하고 여자는 초대하지 않는데, 왜냐하면 여자들은 송로버섯에 흠집이나 내며 제대로 먹을 줄 모르기 때문이다. 게다가 여자들과 같이 먹으면 소화가 잘 되지 않는다는 이유로 여자들은 초대받지 못한다.졸라,《끓는 솥》, 1882 《미식가 연감》의 도댕부팡도 마찬가지이다. 그에게 운 좋게 초대받은 사람들은 남자뿐이며 그들 모두는 독신남이다. 이는 이탈리아 영화감독 마르코 페레리의 〈그랜드 뷔페〉1973에서도 마찬가지로, 판사인 필립은 세 친구와 함께하는 '미식 세미나'를 망칠까 봐 절대 여자를 초대하지 않는다. 19세기에 구르메는 남성명사가 되었으며 최근에 만들어진 이놀러지스트oenologiste, 포도주 양조학자라는 단어 역시 남성명사이다. 가스트로놈gastronome, 미식가의 경우, 피에르 라루스1817~1875의《세계 대백과사전》은 이 명사의 성을 명시하지 않았으나 다음의 두 예문을 살펴보면 남성명사로 취급한다는 것을 알 수 있다. "파리의 제일가는 미식가 중 한 사람un"(un은 남성부정관사로 여기서는 남자 한 명을 가리킨다—옮긴이) "진중한 미식가인 우리 아들들은 술을 마셔도 노래를 불러대지 않는다."

　　미식전문 레스토랑이 왕궁의 격식을 모방하게 되면서 고급 요리의 전당에서 여성들은 자격을 박탈당할 수밖에 없게 없었다. 예를 들어서 왕의 시중을 받드는 시종officier domestique을 뜻하는 단어가 남성명사이듯, 고급 레스토랑 인력들을 가리키는 단어들도 여성명사가 될 수 없었다. 시종장, 소믈리에, 지배인, 주방장 등 이 모든 직업을 가리키는 프랑스어 단어는 남성명사이다. 혹여 운 좋게 여성이 좁은 문을 뚫고 스타 쉐프의 반열에 들어선다 해도, 여자 쉐프는 의미심장하게도 '어머니'라고 불린다. 오래전부터 창조적인 행위는 전적으로 남성의 소관이었던 셈이다. 미식의 이미지를 고급화하는 데 있어 지지대의 역할을 한 것은 남성들이 쓴 요리개론서였다. 1795년이 되어서야 여성을 위한 프랑스 요리책이 등장했으나 그나마도 감자 요리 조리법밖에 실려 있지 않았다. 한편 영국에서는 17세기부터 여성도 요리책을 발간했지만, 요리가 예술 취급을 받았던 것은 아니다.

성욕을 자극하는 초콜릿:

여성의 본능적 욕구는 종종 가벼운 연애를 원하는 호색가들에게 악용되었다. 음식을 선물하는 것은 여성을 유혹하는 방법의 일종이었으며 시인들은 애인의 달콤한 키스에 대한 비유를 늘어놓기 바빴다. 17세기에 '단 것으로 비뚤어진 코'라는 표현은 육체 관계를 좋아하는 여성을 가리켰는데 "관용적 표현으로 어떤 여성이 단 것으로 코가 비뚤어졌다는 것은 이 여성이 육체적 사랑을 갈망하는 얼굴이나 용모를 지녔다는 뜻이다"라고 전해진다.퓌르티에르, 1690 이 표현은 콧그레이브 불영사전1611에도 이미 실려 있었는데, 여기서도 역시 여성에게만 해당하는 표현이었다.

폰타스는 자신의《양심의 문제 사전》1715에 테오델랭드가 설탕 절임과 과일을 매우 좋아한다는 사실을 언급했는데, 이는 틀림없이 그녀가 남녀 간의 정사에 타고난 소질이 있을지도 모른다는 점을 강조하기 위해서이다. 왜냐하면 설탕은 방탕한 성품과 연관이 있으며 당시 과일 바구니는 연인끼리만 주고받는 선물이었기 때문이다. 15~16세라는 위태로운 나이에 소녀의 정절은 위험에 처할 수 있었다. 설탕 절임과 과일에 대한 절제할 줄 모르는 애정은 그 자체로는 경미한 죄이지만 더 나아가면 훨씬 심각한 죄로 소녀를 이끌어 심지어 정절을 잃게 할 수도 있기 때문이다.

'미식의 왕자'라고 불리는 퀴르농스키1872~1956는《식사와 사랑》1950을 집필할 때 이 같은 클리셰를 다시 한 번 반복한다. "우리 주위에 있는 여성 중 연애를 하는 이는 모두 먹는 것을 좋아한다. 먹는 것을 좋아하지 않는 여성에게는 절대 치근거리지 마라. 정신적으로나 육체적으로나 실수를 범하게 될 것이다." 이렇듯 여성의 식탐은 남녀 간 정사에 소질이 있다는 신호이거나 성생활의 부재를 보상하는 역할을 한다고 알려지는 등 성적 함의에서 완전히 벗어날 수 없었다. 중세에 여성의 미각적 쾌락은 탐식이라며 의심의 눈길로 바라보던 시각은 현재까지도 계속해서 이어지고 있다. 일례로 임산부는 주체할 수 없는 식욕'에 사로잡혀 있지 않은가? 임산부의 식욕이 충족되지 않으면 아이의 몸에 모반의 형태로 그 흔적이 남을 가능성이 크다. 선천성 피부 기형의 일종인 모반은 오늘날에도 여전히 '욕구envie' 혹은 '포도주의 얼룩tache de vin'이라고 불린다. 유명한 외과의사 앙브루아즈 파레1509?~1590도 모반을 포도, 체리, 무화과, 멜론 모양이라고 묘사하고 있지 않은가?

즉, 모반의 색은 식욕이 충족되지 않았다는 특징을 보여주는 요소이기도 하다. 18세기에는 포도주색으로도 모자라 커피색, 초콜릿색을 모반의 색깔로 추가하기에 이른다. 19세기까지도 민간에서는 임신 중 충족되지 않은 식욕을 모반과 연결시켰는데, 17세기부터 의사들은 이에 대해 회의적인 반응을 보이며 이를 가리켜 잘못된 민간 지식일 뿐만 아니라 여성들이 대가 없이 마음껏 식탐을 충족시키려고 잔머리를 쓰는 것이라고 여겼다. 결국 여기서도 여성의 식탐은 육체적인 무절제함으로 여겨지며, 모반은 어머니의 비이성적인 충동을 상징하는 표상으로 여겨졌다.

17세기 후반, 미사 중 핫초콜릿을 마시면 파문시킬 것이라고 위협하는 주교와 치아파스 상류사회의 크레올 여성들 사이에 말다툼이 벌어진다. 크레올 여성들은 단체로 그 성당을 떠나 다른 성당에서 성무일도를 듣기로 한다. 주교가 자신의 성당 미사에 참석하라고 강요하자 그녀들은 차라리 집에 남아 있기로 한다. 그런데 갑자기 주교가 사망한다. 그는 독살된 걸까? 토마스 게이지의 《서인도제도의 새로운 관계》에 등장하는, 교화를 목적으로 하는 이 이야기는 여성과 초콜릿 간의 위험한 역사를 상징한다.

스페인에서 초콜릿이 처음으로 언급되기 시작했을 때부터, 초콜릿은 강력한 최음 효과를 지닌 음료였다. 베르나르드 디아즈 델 카스티요 1495~1583의 《뉴스페인 정복에 얽힌 진짜 이야기》에 따르면 아즈텍의 목테주마 황제는 여자와 성관계를 가질 때만 초콜릿을 마셨다고 하지 않던가? "다크 초콜릿은 초콜릿에 익숙한 스페인 여성조차도 황홀해지게 한다"라고 예수회 사제 조제프 드 아코스타는 적었다. 《서인도의 자연사와 윤리》. 1590 초콜릿이 지닌 외설적 명성은 순식간에 대서양을 넘어간다. 유럽에서는 계속 초콜릿을 음탕함에, 그리고 모든 악덕의 어머니인 무위도식에 연결시킨다. 영국의 경우, 시인 제임스 워즈워스1604~1656의 4행시에는 늙은 여인의 성적 열망을 충족할 수 있는 초콜릿의 효과가 언급된다.

"늙은 여인들은 초콜릿을 맛보자마자

젊어지고 갑자기 쾌활해져서

끓어오르는 열망으로 살갗이 떨리는 게 보이고

당신이 상상하는 욕망에 불타오를 것이다."

수많은 판화에서 카카오 섭취와 성적 방탕함 간의 관계가 다뤄졌다. 프랑스 판화가 로베르 보나르의 17세기 말 작품 〈초콜릿을 마시는 기사와 귀부인〉 역시 의미하는 바가 명백한 4행시를 곁들였다. "초콜릿을 마음껏 마시고 있는 / 혈기왕성한 기사와 젊은 귀부인 / 하지만 눈동자에는 불꽃이 타오르고 / 이들에게 필요한 것은 아마도 더욱 섬세한 요리"

"초콜릿, 맛있고 효능도 풍부한 식품"이라는 슬로건이 곁들여진 1725년의 독일 판화에는 애인이 준 초콜릿을 마시려 하는 남자가 묘사되

Un Caualier, Et vne Dame beuuant du Chocolat

*Ce jeune Caualier, et cette belle Dame
Se regalent de Chocolat;*

*Mais l'on voit dans leurs yeux vne si viue flame
Qu'on croit qu'il leur faudroit vn mets plus delicat.*

〈초콜릿을 마시는 기사와 귀부인〉
로베르 보나르. 판화. 17세기 말. 프랑스 국립도서관. 파리어 있으며, 마지막으로 카를로 골도니의 《라 보게타 델 카페》[1750]에 등장하는 혈기왕성한 방탕아 유제니오가 아름다운 화류계 여인 리자우라에게 함께 초콜릿을 마시자고 권유할 때에도 초콜릿이 지닌 성적 함의가 겉으로 드러난다. 1막7장

유제니오: 당신에게 맛좋은 초콜릿이 있을 것 같은데.

리자우라: 그럼요, 흠잡을 데 없는 것이랍니다.

유제니오: 어떻게 만드는지 아시오?

리자우라: 제 하녀가 최선을 다하죠.

유제니오: 내가 가서 직접 거품을 좀 내도 되겠소?

리자우라: 귀찮게 해 드릴 필요야 없죠.

유제니오: 당신만 괜찮다면, 당신과 함께 마시러 가리다.

리자우라: 유제니오님께는 그리 맛좋은 초콜릿이 아닐지도 몰라요.

유제니오: 나는 그리 어려운 사람이 아니오. 자 얼른 갑시다,

　　　　문을 열어요. 그리고 잠깐 동안만 시간을 같이 보냅시다.

앙시앵 레짐의 마지막 두 세기 동안에는 서양 어디서나 초콜릿과 섹슈얼리티를 연결 짓는 모습, 즉 탐식―성욕의 결합을 찾아볼 수 있다. 루이 15세에 따르면 '차갑기가 이루 말할 데 없다'는 퐁파두르 부인은 불감증을 치료하기 위해 초콜릿을 여러 잔 마셨다고 한다. 코에틀로공 후작 부인은 초콜릿 애호가로 1671년에 피부가 검은 아기를 낳았는데, 역사학자 니키타 하리치에 따르면 매일 아침마다 아프리카 하인이 후작 부인에게 초콜릿을 가져다주었다고 한다.

미각적 쾌락, 관능적 쾌락 :

에로틱한 의미가 있다고 여겨진 식품은 초콜릿만이 아니었다. 남성 성기를 암시하는 아스파라거스와 아티초크, 여성 성기를 암시하는 굴과 무화과 역시 서양 문화권에서는 강한 성적 암시를 내포하고 있었다. 1638년경 아브라함 보스는 오감 중 미각을 상징하기 위해 아티초크와 포도주 한 잔을 그렸다. 그림에 등장하는 여성은 손을 부드럽게 뻗어 아티초크의 머리 부분에 가져가고, 여성과 남성 간의 은밀한 눈빛은 아티초크와 포도주 한 잔이 지닌 성적 암시를 더욱 강화한다.

오감을 묘사했던 16~17세기의 여러 회화 작품에서처럼 미각적 쾌락과 관능적 쾌락은 서로 긴밀하게 연결되어 있다. 미각적 쾌락은 성적 쾌락의 비유이거나 관능적 유희의 서막이 될 수 있다는 이야기이다. 가정교육을 잘 받은 젊은 여성들은 문자 그대로, 그리고 비유적 의미로도 아스파라거스와 아티초크를 먹을 수 없었다.

"말세에요, 무통. 무통은 그녀가 남편을 부르는 애칭이었으며 남편은 그녀를 무톤이라고 불렀다. 세상이 타락한 게 틀림없어요. 우리가 젊었을 적에는 몸가짐을 조심하고 예의 바르게 행동해야 했죠. 제일 대담한 여자애조차도 고개를 들어 남자를 쳐다보지 못했어요. (……) 우리 중 누군가 아스파라거스나 아티초크를 먹었다면 사람들이 그 아이를 손가락질 했겠죠. 하지만 요즘 여자애들은 너무 뻔뻔하다니까요."

(퓌르티에르, 《부르주아 소설》, 1666)

〈아침에 마시는 초콜릿〉
피에트로 롱기, 1770년경, 베네치아 18세기 박물관, 베네치아

⟨굴과 포도주 잔이 그려진 정물화⟩
작자 미상(네덜란드 화파), 1660, 슈베린 국립박물관
굴과 백포도주는 또 다른 감각적 쾌락으로의 초대일까?

야생 아티초크인 샤르도네트엉겅퀴의 일종는 불임 여성에게 좋은 식품으로 알려졌으며, 약제사들은 '불능인 남자의 정력을 되찾는' 약으로 아티초크 줄기 절임을 팔기도 했다. '샤르도네트에 가다'와 '샤르도네트를 뽑다'라는 표현은 17세기 언어에서, 특히 샤를 소렐의 《프랑시옹의 극소설》에서 성행위를 가리키는 표현이었다. 또한 정물화와 풍속화에 등장하는 입 벌린 굴은 성적 함의를 담고 있었으며, 연체동물은 성욕을 불러일으키는 역할을 한다고 여겨졌다. 얀 스테인의 〈굴을 먹는 소녀〉에서 관람객을 향해 뻔뻔스럽게 고정한 여자의 시선, 식탐으로 가득한 엷은 미소, 바로 먹을 준비가 된 입 벌린 굴은 또 다른 쾌락으로의 초대임이 명백하다.

볼로냐 화가 바르톨로메오 파세로티의 〈가금 상인〉1580년경은 유럽 회화에 자주 등장하는, 음식과 섹슈얼리티 사이의 유사성을 보여주는 예이다. 나이 든 여자상인은 정력을 상징하는 동물인 수탉을 잡고 있고 젊은 여자는 요리를 위해 털을 제거한 최고급 칠면조를 들고 있다. 칠면조의 살은 젊은 여자의 살과 닮았을 뿐 아니라 화면의 전경에 앉아 있는 젊은 여자는 깊게 파인 목선을 과시하면서 스타킹을 신은 오른쪽 다리를 드러내고 있다. 결국 나이 든 여자는 포주이고 젊은 여자는 고객들에게 몸을 팔려는 것으로 해석할 수 있다. 화가는 칠면조와 젊은 여자를 '먹으라고' 권유하고 있는 것이다.

17세기와 18세기에 그려진 수많은 연애 장면에 등장하는 술잔과 병은 때로는 완전히 뒤집혀 있는데 이는 여자를 유혹하려는 남자들에게 포도주가 여성에게 주는 '해방의 효과'를 상기시키는 역할을 한다. 중세 우화시 중에도 동일한 주제를 다룬 작품이 여럿 있었다. 그중 한 작품에서는 쾰른의 수녀 세 명이 음유시인의 음탕한 노래를 들으면서 뜨끈뜨끈한 목욕탕

〈굴을 먹는 소녀〉
얀 스테인, 1655~1660년, 마우리츠하이스 왕립미술관, 헤이그

안에서 연회를 즐긴다.

중세 말의 도덕론자와 설교사들에게 음탕함과 미각적 쾌락, 도덕적 퇴폐를 모두 모아놓은 수치스러운 장소가 있었으니 바로 목욕탕이었다. 중세의 세밀화는 여자와 남자가 벗은 채로 욕조 안에서 서로 뒤엉켜 있는 모습과 탕 위에 세워진 식탁, 그 옆에 있는 침대 등을 기탄없이 묘사하고 있다. 중세의 목욕탕 중에는 혼탕이 있었으며 이 중 일부는 공공연한 매춘 장소였던 것이 확실하다. 더욱이 욕조 안과 바깥에서 요리와 포도주를 내놓았으며 바로 그 근처에 휴식용 침대가 있었던 것도 사실이다. 전염병에 대한 공포에 힘입은 도덕론자들의 공격으로 15~16세기의 대중목욕탕은 철폐되었지만, 서양인들의 에로틱한 상상에서 대중목욕탕을 몰아낼 수는 없었다.

먹음직스러운 여자 :

콩트와 음란소설에 음식이 자주 등장하는 것은 성적 유혹과 미각적 쾌락의 필연적인 연관성에 기인한다. 야식과 콜레이션, 과자 선물 등은 또 다른 감각적 쾌락으로 이어지는 발단이 된다. 이를 가장 잘 보여주는 예로 카사노바1725~1798는 《회고록》의 서문에서 미각적 쾌락과 육체적 쾌락을 긴밀하게 연결시킨다.

"감각적 쾌락에 열중하는 일은 언제나 최고의 관심사였다. 나에게 이보다 더 중요한 일은 없었다. 여성을 위해 태어났다고 느끼기에 항상 최선을 다하여 여성을 사랑했고 사랑받았다. 맛있는 음식에도 열광했으며 고급스러운 맛의 요리를 좋아했다. 나폴리 출신의 솜씨 있는 요리사가 만든 마카로니 파이, 스페인의 오글리오포트리다, 뉴펀들랜드 해안의 끈적끈적한 대구, 향이 좋은 야생고기, 온갖 치즈. 여성의 경우, 내가 사랑했던 여성의 향기는 언제나 감미로웠다."

사드 후작1740~1814도 예외는 아니다. 그는 《누벨 쥐스틴》1799에 이렇게 적었다. "색色의 쾌락 다음으로…… 식사의 쾌락보다 더 기막힌 것은 없다. (……) 감각적 쾌락에 불을 붙이는 일은 식욕을 자극하는 일과 마찬가지로 매우 간단하기 때문이다. 오! 고백하건대…… 탐식은 내가 숭배하는 대상일지니. 탐식이라는 우상을 나의 전당에, 비너스 상 옆에 놓는다. 나는 그 둘의 발치에서만 행복을 찾을 수 있구나." 이 소설에서 클레어윌 부인은 그녀의 연인들을 잡아먹는 식인 행위에 심취하면서 이 두 가지 쾌락을 절정까지 추구한다.

식품 관련 직업을 묘사한 판화에 실린 4행시는 이러한 성적 모호성을 십분 활용하여 순수한 이미지에 에로틱한 함의를 부여한다. 프랑스 판화가 보나르17세기의 작품 〈남자 파티세〉에도 다음과 같은 4행시가 적혀 있다. "나는 귀부인들의 파티세라네 / 그들에게 백 가지의 자그마한 매력적인 걸 해주지 / 나는 그들의 영혼에 들어가 있어 / 그들은 내게 미각 속으로 파고들어 오는 남자라고 이름 붙였네."〈길거리에서 작은 치즈를 파는 여자〉에는 이런 시가 적혀 있다.

"나는 우유와 치즈, 크림을 팔지 / 파리의 아름다운 아가씨들에게 / 그들은 연인을 즐겁게 하려고 치즈와 크림을 사네 / 자기들을 기분 좋게 해주는 연인을 위해." 인류학자 클로드 레비스트로스는 이렇게 강조한 바 있다. "세계 어디에서나 인간은 성교 행위와 음식물 섭취 행위 사이에 근원적인 유사성이 존재한다고 생각한다. 그래서 대부분의 언어에서 이 두 행위를 동일한 단어를 사용하여 표현하지 않는가."《야생의 사고》. 1962 유럽 언어에서도 성욕을 표현하기 위해 음식을 비유적으로 이용한다. '먹음직스러운friand 고기 조각'이나 '맛있어 보이는friand 파이'라는 표현처럼 프리앙드의 일차적 의미는 먹음직스러운 요리이지만, 예쁜 여성을 가리킬 때도 사용할 수 있다.《퓌르티에르 사전》1960에서는 일말의 부끄러움도 없이 이러한 용법을 받아들이면서 다음과 같은 예문을 제시한다. "저기 엄청 예쁜 여자가 있다. 그야말로 먹음직스러운friand 여자다." 우리는 지금 유럽 문학의 진정한 클리셰를 목도하고 있는 셈이다. 이탈리아 콩트 작가 안톤 프란체스코 도니의 단편모음집《대리석》1553에 실린 〈귀부인의 소식〉을 살펴보자.

> "불과 몇 달 전에 결혼식을 올린 순진하고 자그마한 여자, 아직 어린애
> 같은 여자 하나가 마을에…… 왔다네. 장담하건대 그 여자는 자네 입
> 속에서 살살 녹을 거야. '질긴 고기는 남자를 정력적으로 만든다'라는
> 속담이 있지 않던가? 근데 이 여자한테는 들어맞지 않는 속담이라니
> 까. 딱 알맞게 익힌 살이라 배가 터지도록 먹고 싶은 그런 여자야. 그
> 러니 군침이 돌 수밖에. 그런 여자라면 양념이나 생베르나르 소스를
> 전혀 치지 않고도 얼마든지 배불리 먹어주겠네."

발자크는 멜 코르몽을 '미식 애호가의 나이프를 즐겁게 하는 포동포동한 자고새 고기'로 묘사했으며《노처녀》. 1837 졸라는《나나》1880에서 주인공 나나가 "메추라기 고기처럼 모든 면이 뜨겁게 잘 익었다"라고 적었

다. 이렇게 여성은 일종의 요리가 되어버렸는데, 특히 발자크는 여자를 유혹하는 남자의 마음을 서슴없이 레스토랑의 메뉴판에 비유하기까지 한다. 한편 미식 애호가 도댕부팡은 미식법의 대가 그리모 드 라 레이니에르의 초상화와 외설적인 판화로 식당의 벽을 장식한다. 이탈리아 영화감독 마르코 페레리의 작품에서 오동통하고 순종적인 여교사 안드레아는 미각적 쾌락에 대한 성적 비유의 현신現身으로 등장하여 1973년 칸 영화제에서 엄청난 파문을 일으켰다. 오늘날에도 여전히 여성을 두고 '먹음직스럽다'거나 '먹어버리고 싶다'라고 표현하기도 하며 신혼 첫날밤에 '결혼상대를 먹는다consommer'는 표현을 사용하기도 한다.

교양 있는 여성:

음식을 먹는 행위에 성적인 의미가 부여되면서, '교양 있는' 여성이라면 최소한 공공연한 자리에서는 미각적 쾌락을 반드시 절제해야 했다. 이러한 모습은 특히 19세기의 부르주아 사회에서 자주 목격되었다. 여성은 음식과 술을 절제함으로써 정절을 지켜야 하며, 술을 너무 많이 마셔서도 안 되고 특히 공식적인 자리에서는 더욱 절제해야만 했다. 크리스틴 드 피장의 《세 가지 덕목의 책》1405은 여성을 대상으로 하는 교육서로 궁의 왕비와 귀부인들에게 술을 자제하기를 권고한다. 이탈리아의 초기 르네상스 회화는 절제라는 주제를 다시 다루었는데, 포도주에 물을 타서 마시는 여인의 모습으로 절제를 의인화하고 있다.

　　프란체스코 다 바르베리노의 《여성의 지도와 풍속》1309~1320도 피렌체 여성들을 대상으로 하는 권고를 담고 있는데, 핵심은 역시 음식과 술에 대한 절제와 중용이다. 유년기에서 노년기에 이르기까지 식사 예절은 여성의 품행을 보여주는 역할을 한다. 따라서 여성은 특히 식사 예절, 요리의 양과 특성, 그리고 주변에 동석한 사람에 대해 신경을 많이 써야 한다. 일례로 바르베리노는 젊은 여성에게 변비를 일으키는 음식은 추천하지 않는다. 중세 말의 예의범절서는 주로 남성이 집필했는데, 여성들에게 과다하게 먹거나 마시지 말고 식사 중에 너무 '수다를 떨지 않도록' 주의를 준다.

"연회에 참석할 때는 / 우아하게 먹을 것이며 / 부끄러움을 아는 이들과 이야기할 것이며 / 그렇다고 너무 수다를 떨어서는 안 될 것이다."《결혼할 처녀들의 교훈서》, 15세기 결혼식 피로연에서 신부는 절제하는 모습을 보여주어야 했다. 이는 자신이 몸가짐이 단정하고 검소한 좋은 아내이며 탐식, 폭음, 성적 방종과는 거리가 멀다는 것을 보여주기 위해서이다. 14~15세기의 중세 세밀화와 16세기의 플랑드르 회화에서 발견되는 올바른 신부의 모습이란 주변에서 먹고 마시며 즐거워하는 남자 손님들과는 달리 눈을 내리깐 채 두 손을 가지런히 모으고 있는 모습이다. 이 장면은 음탕한 신부가 탐욕스럽게 음식을 잡아채기 위해 두 팔을 뻗는 모습으로 패러디되기도 했는데 특히 플랑드르에서 자주 발견되었다.

저속한 식食문화 :

식사손님들이 입을 모아 불렀던 유명한 노래 〈아! 싸구려 백포도주여〉는 노장이라는 마을 근처에서 싸구려 백포도주와 정자 그늘 아래 있는 아름다운 처녀들을 연관 지어 등장시킨다. 이 노래는 '미식'을 즐기는 불편한 식사가 아닌 저속한 분위기의 식사를 할 때 여성이 얼마나 미각적 쾌락에 필요한 존재인지를 강조한다. 장 드레작과 샤를 보렐클레르, 〈아! 싸구려 백포도주여〉, 1943 어렸을 때부터 주입된 올바른 식사 예절에서 금지된 행위인 '식사할 때 노래하기'는 성인들에게 저속한 즐거움의 일종이었다. 게다가 노래의 대부분은 상당히 외설적인 내용의 후렴이 반복되는 권주가였다. 저속해지려면 상류층의 올바른 식사 예절과는 반드시 거리를 두어야 한다. 사회가 강요하는 식사 시의 올바른 몸가짐에서 의식적으로 벗어나야 하며 이성異性과 함께 식사해야 한다. 저속한 식문화는 사회적으로 몰상식하다고 여기는 행위나 심지어는 금지된 행위를 모두 포함한다. 빵으로 접시의 소스를 닦아 먹거나 손으로 집어 먹기, 손가락을 빨기, 입술을 핥기, 뼈를 이로 갉아 먹기, 크게 웃기, 큰 소리로 말하기, 외설적인 내용을 공공연히 말하기 등이 바로 그 예이다.

저속한 식문화를 추구하는 모습은 이미 근대부터 상류사회의 남성들 사이에 두드러지게 나타났다. 이들은 야외술집이나 천박한 분위기의 카바레에 천한 사람들과 어울리러 갔다. 19세기의 프랑스 소설에 등장하는 피크닉은 그야말로 행복한 순간이다. 물가에서 간단한 음식과 신선한 포도주 그리고 사랑의 유혹을 곁들이는 한낮의 휴식이라 할 수 있다. 모파상은 《벨아미》1885에 이렇게 시인했다. "나는 파리 근교를 좋아한다. 세상에 태어나서 최고로 맛있는 튀김을 먹었던 기억이 있는 곳이다." 저속한 식문화는 대중적인 요리에 대한 기호와 맞물려 전성기를 맞이한다.

고급 요리와는 거리가 먼 대중적인 요리로는 고기와 채소를 삶은 스튜인 포토푀나 백포도주를 넣은 프리카세살코기를 소스에 익힌 스튜, 적포도주와 양파로 양념한 뱀장어 마틀로트, 닭고기 프리카세, 센 강이나 마른 강의 모래무지 튀김 등이 있다. 1988년 《르몽드》지의 미식 비평란에서 일명 레이니에르로 통하는 로베르 쿠르틴은 "옛날에는 쇠고기 스튜나 작은 순대, 마틀로트 등을 저속한 요리라 칭했다"고 적었다. 19세기 초에 그리모 드 라 레이니에르 또한 미각적으로 완전한 행복을 누리려면 제맛을 내는 곳, 즉 대중식당에서 닭고기 프리카세나 생선 마틀로트를 먹으라고 충고했다. 프랑스 북부에서 벨기에를 지나 네덜란드에 이르기까지, 고깔에 담긴 기름진 감자튀김은 19세기 말부터 저속한 식문화를 대표하는 요리의 역할을 한다. 고깔에 담긴 감자튀김은 손에 기름이 묻는 것도 신경 쓰지 않고 수저나 접시 없이 길거리에서 마구 집어먹는 음식이기에 부르주아 계층의 식사 예절과는 거리가 멀다. L.안토스와 W.~J.판스가 1906년에 작곡한 노래 〈감자튀김〉에서는 사랑하는 연인만이 같은 고깔에 담긴 감자튀김을 함께 먹는다고 얘기한다.

"감자튀김 한 봉지 / 사랑하는 사람의 멋진 선물이지 / 먹을 게 없을 때 / 감자튀김을 먹으면 배가 부르네 / 수존 얼른 내려와 봐 / 감자 튀기는 소리를 들어봐 / 뼈도 없고 씨도 없어 / 키스할 때처럼 뜨겁게 먹어"

그리고 후렴이 이어진다.

"매력적인 감자튀김 한 봉지 / 손가락을 차례차례 집어넣지 / 즐거움과 감자튀김이여 영원하여라 / 인생과 너의 사랑이여 영원하여라."

1950년에 프랑시스 르마르크와 밥 아스토르가 작곡하고 이브 몽땅이 부른 〈감자튀김 고깔〉에서는 이 같은 저속한 매력이라는 테마를 다시 다루고 있다.

〈시몽 상자〉
레오네토 카피엘로, 1901, 오르세 미술관, 파리

"이것이야말로 연인들이 / 얼마 안 되는 것을 가지고 행복해지는 법 /
약간의 햇살과 그 둘을 위한 / 고깔에 담긴 감자튀김 / 햇살이 좋은 날
이면 / 어깨동무를 하고 센 강을 따라 / 고깔에 담긴 감자튀김을 집어
먹으며 / 길을 거닐지 / 다 먹어버리면 / 다시 사러 가네 / 서로 사랑하
기 위해 집에 돌아오네. 아주 빨리."

　　박람회장이나 장터의 축제, 수호성인 축제, 바자회장, 해변도로, 경
기장 근처에 들어선 감자튀김 노점은 대중적 오락거리의 세계에 속해 있
다. 무도회장의 요란한 음악이 흐르는 가운데 휴식의 순간, 사랑하는 감정

그리고 감자튀김의 저속한 분위기가 함께한다. "감자튀김의 맛있는 냄새 / 제일 까다로운 사람들도 열광하게 하고 / 아코디언으로 연주하는 자바 음악이 / 감각을 자극한다." 카미유 프랑수아와 가스통 클라레, 〈이것이 야외술집이다〉, 1935 노장 마을의 노래 〈아! 싸구려 백포도주여〉와 마른 강가에 있는 조인빌르퐁이라는 마을의 노래 〈조인빌르퐁〉1952를 보면 알 수 있듯이 20세기 초 파리의 야외술집에서도 싸구려 백포도주와 함께 감자튀김을 찾아볼 수 있었다. "생기 넘치는 야외술집 / 멋진 아가씨들 / 감자튀김이 준비되었구나 / 그리고 백포도주도 있네." 〈조인빌르퐁〉1952 "감자튀김이 있는 곳엔, 빰빰거리는 악단의 리듬이 있지." L.도멜과 L.다니데르프, 〈감자튀김이 있는 곳〉, 1935

　　20세기 후반에는 영양학적인 금기를 깨버리고, 의학계에서 맹렬하게 비난하는 음식을 섭취하는 기쁨을 감자튀김의 장난스러운 이미지에 더했다. "강낭콩은 이제 그만 / 슈크루트(양배추와 고기를 같이 먹는 프랑스식 보쌈-옮긴이)와 / 맛있는 고기조각과 기름진 감자튀김이여 영원하여라 (……) 다이어트는 신물 난다!" 토마 뒤트롱, 《엉망진창 감자튀김》, 2007 지나치게 달거나 기름지고 크림 함유량과 칼로리가 높으며, 애들이나 먹을 법한 음식이라 영양학적으로 부적절하다고 여겨지는 것을 다 알면서도 이를 죄책감 없이 먹는 행위는 오늘날 저속한 식문화의 새로운 일면을 보여주고 있다.

〈단 과자가 가득한 자루를 든 아이들〉
앙리 쥘 장 조프로이, 19세기, 소더비 미술관, 런던

7

유년기의 입맛,
아동화된 식탐

내가 어렸을 때 어땠는지 / 얘기 좀 해봐 / 가게에서 끝내주게 맛
있는 과자를 / 슬쩍하곤 했지 / 카랑삭이랑 민토 / 1프랑짜리 캐러
멜 / 그리고 미스트랄 가냥 (······)
얘기 좀 해봐 특히 / 그 옛날의 카랑바르 / 코코보에르 / 우리의
입술을 들러붙게 했던 / 이빨에 달라붙었던 / 진짜배기 루두두 캐
러멜 / 그리고 미스트랄 가냥

르노, 《미스트랄 가냥(프랑스 아이들의 불량식품—옮긴이)》, 1985

유년기의 입맛,
아동화된 식탐

어린 소피는 꾸중을 듣고 벌을 받고 매를 맞고 때로는 욕을 먹는 등 식탐의 대가를 톡톡히 치른다. 《소피의 불행》1864을 쓴 독실하고 엄격한 세귀르 백작 부인 1799~1874은 소피라는 어린 주인공이 지닌, 수치스럽고 비난받아 마땅한 것으로 여겨지는 유년기의 식탐에 대해 일말의 너그러움도 보여주지 않는다. 하녀가 준 따끈따끈한 빵과 진한 크림을 배부르게 먹은 소피는 소화가 안 돼 침대에서 꼼짝 못한다. 조랑말에게 주는 딱딱한 갈색 빵을 몰래 가로채려다 결국 조랑말에게 피가 날 정도로 물리기도 한다. 어머니 레앙 부인이 미리 주의를 줬음에도, 숲에서 시간을 보낼 때면 먹음직스러운 새빨간 산딸기를 따 먹다가 늑대에게 물릴 뻔한다.

착한 아이는 간식을 먹지 않지만 소피는 먹성이 너무 좋다. 착한 아이는 숲에서 시간을 보내지 않지만 소피는 말을 듣지 않는다. 소피가 겪은 불행 중 이런 일도 있었다. 소피의 가족이 머무는 저택으로 파리에서 보낸 과자상자가 도착했다. 소피는 상자를 보자마자 군침을 흘렸지만 기다림이

세귀르 백작 부인,
《소피의 불행》
A.페쿠의 삽화가 수록된
1930년 판, 아셰트 출판사

라는 괴로움을 먼저 맛봐야 했다. 저녁식사가 끝나고 레앙 부인은 마침내 과자상자를 열기로 했다. 그토록 고대한 과자상자에는 배와 자두, 호두, 살구, 시트론, 안젤리카 등의 과일 설탕 절임이 들어 있었다. 소피는 이 중 두 개밖에 맛보지 못한다는 또 다른 괴로움을 겪어야 했다. 소피는 제일 큰 조각인 배와 살구 하나씩을 골랐고 사촌인 폴은 자두와 안젤리카로 만족했다. 레앙 부인은 과자상자의 뚜껑을 닫고 상자를 침실에 보관했다.

소피는 과일 절임을 모두 다 맛보지 못하는 것이 너무나 안타까웠고 특히 폴이 고른 것을 먹어보고 싶었다. 어머니가 없는 틈을 타 소피는 몰래 부인의 침실에 들어가 안락의자에 올라가서 상자를 집어들었다. 군침

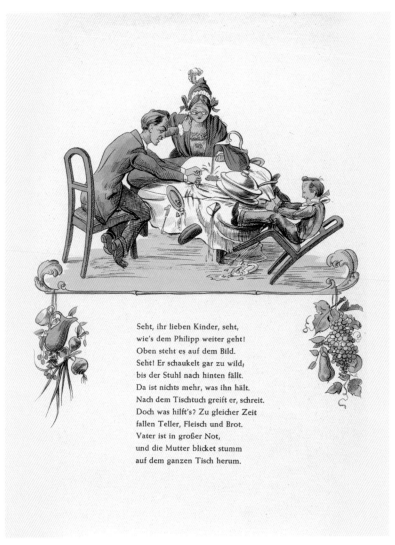

Seht, ihr lieben Kinder, seht,
wie's dem Philipp weiter geht!
Oben steht es auf dem Bild.
Seht! Er schaukelt gar zu wild,
bis der Stuhl nach hinten fällt.
Da ist nichts mehr, was ihn hält.
Nach dem Tischtuch greift er, schreit.
Doch was hilft's? Zu gleicher Zeit
fallen Teller, Fleisch und Brot.
Vater ist in großer Not,
und die Mutter blicket stumm
auf dem ganzen Tisch herum.

《더벅머리 페터의 모험》
하인리히 호프만의 삽화, 1847
"의자가 뒤로 넘어질 정도로 심하게 앞뒤로 흔들어대는 꼴을 보세요."

이 도는 과일 설탕 절임을 한동안 바라보던 소피는 결국은 거의 다 먹어치우고선 상자를 제자리에 돌려놓았다. 그날 밤 기이한 꿈에 시달린 소피는 다음날 아침, 꿈 이야기를 어머니한테 했고 어머니는 소피에게 이렇게 말했다. "그게 무슨 뜻인지 아니, 소피? 하나님께서 네가 현명하지 않은 아이라는 걸 아시고 꿈을 통해 경고하시는 거야. 네가 계속 못된 짓을 하고 자기 좋을 대로만 하면 즐거운 일 대신에 슬픈 일만 가득할 거라는 경고를 하시는 거지."

레앙 부인의 대사는 《소피의 불행》이 탐식의 폐해를 경고하는 교훈적인 가톨릭 문학에 속하는 작품이라는 사실을 잘 보여준다. 소피는 식탐을 충족시키려고 아무 거리낌 없이 거짓말하고 음식을 훔치기까지 하지 않는가? 더욱이 소피는 샘이 많고 변덕스럽고 화를 잘 내는 아이이기도 하다. 착한 아이의 전형이자 천사 같은 어린 사촌 폴은 이렇게 말한다. "많이 먹으렴, 친구야, 많이 먹으렴. 식탐이 많은 아이가 어떻게 벌을 받는지 알게 될 거야."

세귀르 백작 부인은 도덕론적 견해를 넘어서 식탐을 유년기의 특수한 특징으로 인정하면서 달콤한 과자에 대한 욕구를 애정 결핍에 연결한다. 소피는 그 나이에는 흔히 나타나는 결점과 사랑받고 싶은 욕구가 있는 네 살배기 아이일 뿐이다. 무엇보다도 소피는 세귀르 백작 부인, 즉 소피 로스톱친의 자전적 주인공이다. 작가는 유년 시절 자신이 지니고 있었던 결핍을 소피라는 주인공에게 투사한 셈이다. 어른들이 통제하려 한 탐식은 어린이에게 흔히 나타나는 자연스러운 결점일 뿐이라는 것이다.

식탐, 어린아이에게 나타나는 자연스러운 결점:

어린 소년은 어른들의 결혼식에는 관심도 없고 그저 바닥에 앉아 그릇에 남은 것을 손가락으로 닦아 먹는다. 플랑드르 화가 피테르 브뢰헬은 유년기의 식탐을 소년이 절임 과자 단지에 손을 집어넣으려는 동작만으로 표현해낸다. 중세시대부터 오늘날에 이르기까지 식탐은 어린아이의 자연스러운 결점처럼 여겨지고 있다. 교회는 아이를 약한 존재라고 규정하긴 하지만 그렇다고 반드시 순수한 존재라고 보는 것은 아니다.

성 아우구스티누스354~430는 《고백록》에서 과도한 식탐을 유년기의 수많은 결점 중 하나로 간주한다. 고대 의학과 교부들의 영향을 받은 종교적·의학적 견해에 따르면 어린아이는 불완전한 존재이다. 이러한 견해는 아이를 동물과 가까운 존재로 만들며 아이들의 선천적인 식욕 역시 이로써 설명이 가능해졌다. 윌리엄 호가스가 1742년에 그린 그레이엄 가家 자녀 네 명의 초상화에는 유년기와 동물성 식탐 사이의 관계가 잘 나타나 있다. 좌측 하단에 그려진 가장 어린 아이는 먹고 싶은 마음에 침을 줄줄 흘리면서 언니가 들고 있는 체리 두 알을 빼앗으려고 한다.

식탐은 대각선을 그리면서 아이를 지나 고양이에게로 이어진다. 고양이는 그림의 우측 상단에 그려진 새장 속 새를 보며 입술을 핥으며 군침을 삼킨다. 장 자크 루소1712~1778도 《고백록》에 다음과 같이 시인했다. "내게도 그 나이대의 결점이 있었다. 수다스러웠고 식탐이 많았으며 때로는 거짓말을 하기도 했다." 교회는 아이의 식탐을 강하게 비난했다. 15세기의 영국 설교자는 아이의 식탐을 게으름과 관련된 일종의 심리적·사회적 질병처럼 묘사하기도 했다.

"비만은 신체장애를 일으키며 사람을 무기력하게 만든다. (……) 그렇기 때문에 제대로 된 부모들은 아이들이 빈둥거리거나 게을러지지 않도록 힘든 활동이나 노동을 하게끔 해야 한다. 식탐이 지나치게 많아지지 않도록 아이들에게 먹을 것과 마실 것의 양도 조절해서 줘야 한다. 그러나 문제는 아이들이 식탐이 많고 게으른 것은 대부분 부모 역시 식탐이 많고 게으르기 때문이라는 사실이다."

　　16세기의 스페인 도덕론자들 역시 중세 신학론·도덕론의 계보를 이으며 유사한 주장을 펼쳤다. 음식이 넘칠 정도로 많으면 아이들은 무기력해지고 음란한 성향을 띠게 될 수밖에 없다. 그래서 이들 중 일부는 여자아이들을 절대 배부르도록 먹이지 말라고 충고하기도 했다. 18세기 후반부터 19세기 사이에 서양에서 어린이만을 대상으로 하는 문학이 탄생했다. 어린이 독자와 비슷한 연령대의 어린이가 주인공으로 나오는 굉장히 교훈적인 일화 형식의 문학이었다. 짤막한 길이의 일화 작품에는 보통 동일한 형태의 서술 도식이 나타났다.

　　탐식을 하면 안 된다고 부모님이 친절하게 경고해주는데도, 식탐이 많고 말을 안 듣는 아이들은 음식을 훔치고 거짓말을 일삼는다. 그러나 아이들의 잘못은 곧 밝혀지고 잘못한 아이는 벌을 받는다. 소화가 안 돼서 고통스러운데 장난감도 압수당하고 밖에 나가 친구들과 노는 것도 금지당하며 심지어는 엄격한 기숙사학교에 보내지기도 한다. 이처럼 어린이에게 죄책감을 주면서 감화시키려는 문학 작품에서, 잘못한 아이는 잘못을 깨닫고 뉘우친다. 《아나톨과 식탐》리모쥬, 1866에는 과자와 잼을 지나치게 좋아해 육체적·도덕적으로 타락한 아이에 대한 이야기가 나온다.

LA GOURMANDISE.

〈식탐〉
19세기, 장식예술박물관, 파리

엄마가 아나톨에게 말했다. "사랑하는 우리 아나톨, 건강에 나쁜 음식을 그만 먹으면 침대에서 허브차를 마시는 대신 정원에서 다른 아이들과 놀게 해주마. 그런 건 기독교를 믿는 착한 아이에게는 부끄러운 죄란다. 그런 죄를 하나님 앞에 고백하면 후회할 일도 없을 거야."

르네 디즐은 《어린 대식가는 도둑이 되었네》리모주. 1854의 어린 독자들에게 "탐식하는 습관은 거짓말하는 습관을 부른다"고 경고한다. 《탐식》루앙. 1854의 독자들은 "탐식은 모든 악덕의 어머니"라는 사실을 깨닫는다. 이 이야기에 나오는 여섯 살짜리 쥘과 일곱 살짜리 앙리에트는 세례 미사 중 신부님의 당과 상자를 훔친다. 도둑질을 하고 거짓말을 하며 말을 듣지 않는, 식탐 많은 아이는 이기적인 아이이기도 하지 않은가?《앙리와 샤를로트 또는 식탐의 악영향》루앙. 1854에서 앙리는 돈을 받자마자 과자점이나 당과점에 달려가 단 과자를 사서 식탐을 충족시킨다. 반면 앙리의 여동생은 받은 돈을 저금하여 교회 헌금함에 집어넣는다. 하인리히 호프만의 《더벅머리 페터의 모험》프랑크푸르트. 1845의 예처럼 독일 아동문학에서도 심술 궂고 심지어는 잔인하기까지 한 아이를 묘사하고 그의 나쁜 품행에 대해 비난한다. 독일에서 대단한 성공을 거둔 이 작품은 여러 유럽 언어로 번역되었고 프랑스에서는 《더벅머리 피에르》1860라는 제목으로 출간되었다. 아나톨과 앙리, 앙리에트, 쥘 그리고 페터는 어린 소피와 닮았다.

포동포동한 아이 예찬 :

도덕론자들의 마음에는 들지 않았겠지만 일반인들은 아이의 식탐을 자연스럽게 받아들였을 뿐 아니라 식욕이 왕성한 것에 대해 안심했다. 포동포동하고 토실토실한 어린아이는 어머니와 유모의 자랑거리였으며 르네상스 시대부터 '푸토'벌거벗은 어린아이의 모습을 한 사랑의 신라는 형태로 서양 회화에 등장했다. 푸토는 풍요로움과 비옥함, 번영을 상징했다. 세계대전 이후의 광고에서도 통통한 장밋빛 피부와 곱슬거리는 금발머리의 어린아이는 건강한 신체적 이상형을 보여주는 예였다.

'좋은 집안'의 아이라는 사실을 보여주려면 적당하게 살이 쪄야 했다. 20세기 중반, 담요에 누워 있는 발가벗은 갓난아이의 모습을 담은 전형적인 사진도 이 점을 유념했다. 포동포동하게 살이 찐 아이가 생명력을 보장하는 징표가 되었던 것은 19세기까지만 하더라도 유아 사망률이 매우 높았으며 기근이라는 공포에 시달렸기 때문이다. 그 때문에 아이의 통통한 체형은 건강의 상징이자 아이에게 아무런 문제가 없다는 것을 모두에게 보여주는 자랑스러운 증거였다. 중세부터 근세에 이르기까지 갓난아기에게는 정해진 시간 없이 달라는 대로 젖을 주었으며, 젖을 자주 달라고 보채는 아이에 대한 시선도 호의적이었다.

18세기 말까지 의사들은 아기가 느끼는 식욕이 이전에 먹은 젖의 소화가 끝났다는 신호이기 때문에 달라고 할 때마다 젖을 주라고 권고했다. 그러나 아기에게 지나칠 정도로 젖을 많이 먹이는 것에 대해 강하게 비판한 이들도 있었다. 그중에도 특히 스위스 의학자 사뮈엘 오귀스트 티소1728~1797는 계몽주의 시대에 유럽에서 놀라운 성공을 거두며 일곱 개의 언어로 번역된《일반인의 건강에 대한 충고》1761에서 다음과 같이 말했다.

"이 얼마나 해롭고 정신 나간 애정인지 모르겠다. 사람들은 아이를 행복하게 해주려면 많이 먹이면 된다고 생각한다. 많이 먹을수록 아이가 튼튼해진다고 생각한다. 그런 행동이 아이의 몸을 망칠 수 있다는 생각은 눈곱만큼도 하지 못한다. 아이들이 소화하지 못하는 음식은 위를 상하게 해 폐색을 유발하고 몸을 약하게 만들어 그들을 죽음으로 이끄는 장티푸스에 걸리게 한다."

　　의사들의 의견과는 반대로 어머니와 유모들은 아이의 딸꾹질과 구토가 안심되는 신호이며, 아이가 음식을 즐기고 있고 음식을 다시 토해내기까지 할 정도로 충분히 먹었다는 증거라고 생각했다. "토하는 아이는 잘 크고 있는 아이다"라는 18세기의 프랑스 속담에서, 갓난아기가 구토하는 것은 바라던 대로 배불리 먹었다는 것을 의미했다. 굉장히 이른 시기, 즉 아기가 태어난 지 겨우 몇 주 지난 뒤부터 젖을 물릴 때는 끓인 죽을 같이 줬는데 이는 아기를 충분히 배불리 먹이기 위함이었다.

　　굶주린 생활을 하며 식량 부족을 염려했던 서민계층은 소화가 어려워 몸에 오래 머무르는 음식을 선호했다. "남자의 빵과 여자의 젖은 아이를 튼튼하게 한다"라는 또 다른 프랑스 속담이 있다. 아이에게 소화가 어려운 음식을 주는 것에는 아이의 위를 강하게 하려는 목적도 있었다. 이러한 식사 습관은 서민계층에서 오랫동안 지속되었다. 사회학 연구 차원으로 시행된 설문조사에 따르면, 재정적 부담을 겪는 사회계층에게 있어 20세기 혹은 21세기 초까지도 좋은 부모란 아이를 굶기지 않는 부모, 다시 말해 음식을 충분히 먹을 수 있게 하고 아이들이 좋아하는 음식_{튀김, 달고 짠 과자, 탄산음료, 당과 등}을 먹일 수 있는 부모를 의미했다.

"우리 애들은 무엇 하나 부족했던 적이 없어요." 부모가 이렇게 판단하는 것은 아이의 식생활과 체격을 볼 때 아이가 물질적으로 부족함이 없다고 결론을 내리기 때문이다. 프랑스에서 2008년에 시행된, 어린이와 청소년의 과체중과 정크푸드 섭취에 관한 의학적 문제에 대한 토론에서 정크푸드에 대한 세금 부과는 거부되었는데, 세금을 지나치게 걷으면 오히려 세금이 적게 걷히기 때문이기도 하지만 정크푸드에 대한 세금 부과는 최빈층에게 가장 큰 타격을 주기 때문이기도 했다.

과자 선물:

리슐레부터 퓌르티에르에 이르기까지 17세기의 어휘학자들은 단 과자를 아이들의 세계에 연관지었다. 더 구체적으로 말하자면 과자는 어른과 아이의 규범화된 관계의 일부가 되어 어른은 아이에게 과자를 선물로 주었던 것이다. 과자 선물은 종교 축일이나 새해로 넘어갈 때 주는 새해 선물과도 관련이 있다. 중세 말부터 수많은 기독교 축일은 아이들이 집집마다 찾아다니며 작은 빵이며 과일, 케이크 따위를 얻고 음식이나 음료를 사 먹을 용돈을 모을 기회였다. 아이들은 어른들과 뒤섞여서 축일을 위한 달콤한 음식의 향연에 참가하여 주현절에는 왕의 케이크를, 사육제에는 튀김도넛을 배불리 먹었다. 1637년경에 아브라함 보스가 그린 판화 연작은 사계절의 흐름을 망라하여 위와 같은 내용을 보여주었다. 그중 겨울 편에서는 편안해 보이는 집 안에서 젊은이들과 아이들이 마디그라의 튀김도넛을 즐겁게 준비하는 모습을 담았다.

《로마의 사육제》
요한 볼프강 폰 괴테. 18세기 말

"얼른 오거라 / 마디그라의 아이들이여 / 반죽에 손을 넣고 / 차례차례 열심히 하거라 / 풍습 때문일까 재미 때문일까 / 요리가 아이들의 마음을 사로잡는구나 / 아이들은 불 근처에 앉아 / 튀김도넛을 바라보며 신이 났네."

　　서독과 네덜란드의 성 니콜라스 축일12월 6일처럼 아이들만을 대상으로 하는 종교 축일도 있다. 착하고 말을 잘 듣는 아이는 성 니콜라스에게 맛있는 과자를 선물로 받는다. 그러나 말을 안 듣는 아이는 불행하게도 즈와르 피에검둥이 피에르가 주는 자작나무 가지밖에 받지 못한다. 네덜란드 화가 얀 스테인1626?~1679?은 풍속화의 한 장면에서 성 니콜라스 축일을 축하하는 부르주아 가족을 묘사하기도 했다. 여자아이는 기뻐하면서 성 니콜라스가 준 선물을 소중하게 들고 있고, 한 청년에게 안겨 있는 어린아이는 향료를 가미한 빵을 꼭 붙들고 있다. 반면 아이의 형은 자작나무 가지를 받고 화가 나 있다. 화가는 특히 향료를 가미한 빵과 웨하스, 튀김도넛, 기타 비스킷과 사과 하나 그리고 호두가 가득 들어 있는 버드나무 바구니를 전경에 배치하여 여자아이의 발치에 그려놓았다.

　　부활절 역시 종교 축일이자 과자를 주는 날이다. 중세 말부터 몇몇 지역에서, 특히 알자스에서 알록달록한 부활절 달걀을 선물로 주는 풍습이 나타났다. 부활절에 아이들에게 초콜릿이나 설탕과자를 주는 풍습은 19세기가 되어서야 등장했다. 유럽 가톨릭 문화권 중에서도 특히 로마에서는 부활절 종이 과자를 정원에 놓고 간다고 믿었지만, 로마가 아닌 다른 곳, 특히 스위스나 알자스 지방, 앵글로·색슨 국가들에서는 부활절 종이 부활절 토끼로 대체되었다. 축일이 아닐 때도 어른들은 단 과자를 이용하여 아이들의 흥미를 유발할 수 있었기에 모르는 사람이 주는 과자friandises를 받으면 유괴된다는 현대의 괴담이 생겨나기까지 했다. 'affriander'라는 동사는 '입맛에 맞는 기분 좋은 무언가로 유인'하는 행위를 가리킨다. 퓌르티에르는 다음과 같은 예를 들면서 affriander 동사를 정의한다. "아이들을 유인affriander하려면 이들에게 당과를 주라."1690 아카데미 사전1694의 다음 예도 아이에게 무언가를 얻기 위해 단 과자를 사용한다는 사실을 시인하고 있다. "우리 예쁜 아기, 울지 마렴, 착하게 굴어야지, 그럼 사탕을 줄게." 단 과자는 아이들에게 보상을 주거나 동기를 부여할 수 있다.

에라스뮈스는 교육을 위해 단 과자를 사용하기를 권했지만《소년들의 예절론》부모들이 이로 말미암아 자녀의 식탐을 부추기지 않도록 주의를 주었다. 아이의 욕구를 충족시키기 위해 단 과자를 이용하는 습관에 대해 근세 교육학자들은 의견이 둘로 나뉘었지만 상류층 사이에도 이러한 습관이 있다는 사실을 인정했다. 알렉상드르 루이 바레의《아이들의 기독교 교육》에서는 아이들에게 '당과나 인형'을 주라고 권하는 반면, 클로드 플뢰리는 '단 과자, 그림, 돈, 예쁜 옷' 따위를 가지고 아이들에게 제대로 행동하도록 부추기는 습관을 맹비난했다. 왜냐하면 '사람들이 자녀에게 주는 보상은 자녀를 망치게 하기' 때문이라는 것이다.《교육의 선택과 방법 개론서》, 1687

페늘롱은《여자아이들의 교육》1696에서 "아이에게 절대 상으로 단 과자나 장신구를 주겠다고 약속하지 마십시오"라고 충고한다. 이는 "아이들이 대수롭지 않게 여겨야 하는 것들을 중요하게 생각하는 일이 없도록" 하기 위해서이다. 다음 세기에 프랑스 철학자 클로드 아드리앙 엘베시우스1715~1771는 단 과자나 장난감을 받을 수 있다는 희망 혹은 벌을 받을 지도 모른다는 두려움만이 아이의 동기를 유발할 수 있다고 주장했다.《인간에 대

하여). 1772 프랑스 제3공화정 시기 중 1893년에 포스터 화가 피르멩 부이세는 잔머리 하나 없이 꼼꼼히 땋은 머리에 앞치마를 입은 초등학생 여자아이가 커다란 글씨로 칠판에 '므니에 초콜릿'이라고 쓰는 모습을 그렸다. 옆에 놓인 판초콜릿은 여자아이에 대한 보상처럼 그려졌는데, 또박또박 쓴 글씨를 보면 알 수 있듯이 학교에서 공부를 열심히 하는 아이이기 때문이다. 오늘날에도 논쟁은 여전히 계속되고 있다. 일종의 보상으로 과자를 주는 행위 그리고 벌을 주기 위해 과자를 빼앗는 행위에 대해 교육학자와 부모들의 의견은 여전히 둘로 나뉘어 있다.

단 과자의 전성시대:

서양에서 특히 어린아이의 세계와 관계를 맺은 과자류 중 케이크와 단 과자류가 유리한 위치를 차지했음은 틀림없는 사실이다. 페로의 《잠자는 숲속의 공주》1695에서 어린 오로라가 달라고 조르는 사탕부터 그림 형제의 《헨젤과 그레텔》1812에 나오는 마녀의 집에 난 설탕 창문, 《해리 포터와 마법사의 돌》1998의 온갖 맛이 나는 버티보츠 젤리에 이르기까지 단 과자는 아동문학과 오랫동안 깊은 관계를 맺어왔으며 특히 환상문학에 두드러지게 나타난다.

앨리스가 떨어지는 우물에는 젤리가 잔뜩 들어 있는 찬장이 사방에 가득하지 않은가? 특히 '나를 마셔요'라고 쓰인 작은 병에 담긴 액체를 마시자 앨리스는 한 모금만으로 체리 타르트, 크림, 파인애플, 구운 칠면조, 크리스마스에 먹는 여러 가지 진미의 맛을 동시에 느낀다.루이스 캐롤, 《이상한 나라의 앨리스》. 1865 빅토리아 시대라는 황금기에 맛볼 수 있는 온갖 진미를, 그저 한 모금으로 즐길 수 있다니 이 얼마나 멋진 일인가.

〈과자 먹는 아이들〉
에스테반 무리요, 17세기 말 알테 피나코테크, 뮌헨

같은 음절을 두 번 반복하는 어린이 같은 단어, '봉봉사탕, 과자'은 본래 아이들을 위해 겉에 설탕을 입힌 약을 지칭했다. 봉봉은 젊은 루이 13세의 주치의 장 에로아르가 쓴 《일지》1601~1628의 1604년도에 처음으로 등장했다. 리슐레1680와 퓌르티에르1690는 봉봉이라는 단어를 아이들에게 주는 간식을 지칭하는 유치한 단어로 정의하면서 봉봉을 아이들의 세계에 국한시킨다. 봉봉은 17세기 말부터는 장난감과 연관을 맺었는데, 앙시앵레짐의 마지막 세기에는 아이들이 받고 싶어하는 새해선물 중 하나로 꼽혔다.

1715년에 영국의 프레드릭 슬레어는 설탕을 비판하는 사람들에 맞서 아이들에게 설탕을 주지 않는 것은 잔인한 행위요, 심지어는 죄에 가깝다는 논거까지 들었다. 장 자크 루소는 아이의 자선행위를 평가할 때는 돈이 아니라 아이가 소중히 여기는 것, 즉 장난감이나 봉봉, 간식 등을 적선하는 행위를 평가해야 한다고 충고했다. 《에밀》, 1761

달콤한 맛은 본능적으로 쾌락을 제공하는데, 이 달콤한 맛에 대한 기호는 갓난아기가 선천적으로 타고나는 것이다. 유당乳糖이 포함된 모유는 부드러우며, 중세의 의사들은 식욕을 돋우기 위해 아기의 입에 꿀을 바르라고 권고했다. 미셸 드 몽테뉴는 《수상록》1580~1588에서 다음과 같이 은유적으로 표현했다. "아이의 몸에 좋은 고기에는 설탕을 쳐야 하고 몸에 해로운 음식에는 담즙을 쳐야 한다."

왜냐하면 아이들은 강하고 쓴맛에는 본능적으로 반감을 느끼기 때문이다. 근세의 의사들은 아이의 젖을 떼기 위해 어머니와 유모 들에게 마늘이나 알로에, 겨자를 젖가슴에 바르라고 충고했다. 본능적으로 좋아하던 단맛에서 짠맛으로 기호가 변한다면 이는 유년기가 끝나는 시점에 있다는 신호였다. 퓌르티에르는 《부르주아 소설》1666의 독자들에게 이렇게 애기한다.

> "더 이상 어떻게 다루어야 할지를 알 수 없을 정도로 아이는 영악하고
> 변덕스러워졌다. 이제는 더 이상 당과나 향료를 가미한 빵으로 주의를
> 끌 수가 없었다. 새끼 자고새 고기나 스튜를 가지고 주의를 사로잡아
> 야 했다. 이제는 그에게 더 이상 딸랑이와 인형을 보여주지 않았다. 다
> 이아몬드가 잔뜩 박힌 패물이나 금을 입힌 은판을 보여주어야 했다."

　　여기서 당과와 향료를 가미한 빵은 장난감^{딸랑이, 인형}과 마찬가지로
유년기의 상징처럼 사용되고 있다. 본능적으로 단맛에는 호감을 느끼며
쓴맛에는 반감을 느낀다는 사실은 지난 세기에 과학적으로 증명되었다.
진화론적 설명에 따르면 단맛은 인체에 쉽게 동화되는 고열량 식품의 특징
이며 쓴맛은 독성을 의미한다. 그러므로 쓴맛을 즐기려면 신맛이나 매운
맛, 강한 맛, 숙성한 고기를 즐길 때처럼 모종의 수련이 필요하다. 미각의
수련이야말로 화목한 가족을 묘사한 프랑수아 부셰의 《점심식사》1739에서
중심을 차지하고 있는 주제이다. 어머니는 어린아이가 커피의 쓴맛에 익숙
해지도록 하면서 사회적 관습을 전수하고 있다. 유모건 가정교사건 어머니
건 간에 여성들은 어린아이의 단맛 애호 성향과 그리 무관하지 않다. 남자
아이들은 적어도 철드는 나이가 되기 전까지는 여성들의 손에 길러지는데,
여성들 역시 단맛을 좋아하기 때문에 아이의 단맛 애호 성향을 더 강화시
킨다. 아브라함 보스의 판화는 어느 파티셰의 작업장을 묘사하고 있는데 여
기에 곁들여진 시는 위에 언급한 사실을 잘 보여준다.

"넘쳐나는 단 과자 / 종류는 수천 가지 / 여기서 파는 모든 상품 / 입을 즐겁게 하지 (……) 이 가게에는 온갖 진미가 있다네 / 여자아이, 남자아이, 하녀와 유모를 / 모두 매혹시키는 수천 가지 진미가."

　다시 말해 하녀와 유모 들은 아이들이 단 과자를 좋아하는 성향을 더욱 부추길 가능성이 있는 것이다. 샤토브리앙 또한 《회고록》1826에 비슷한 이야기를 했다. "가정교사 빌뇌브는 음식을 보면 모두 어린 샤토브리앙에게 몰래 줬고 포도주와 설탕으로 어린애의 배 속을 채우게끔 했다." 단 과자를 좋아하는 공통적인 취향은 여성들과 아이들의 공통적인 결점이라고 치부되었다. 1542년 알레산드로 피콜로미니는 사내아이를 새로 임신한 시에나의 로다니아 포르테구에리 콜롬비니를 위해 《귀족 출신의 남자를 위한 평생 교육》을 집필했다.

　이 책에 따르면 아이가 다섯 살이 되면 가정교사의 손에 맡겨서 식탐과 같은 타고난 결점을 고쳐야 한다. 남자의 손에 맡겨야지만 수련을 통해 아이의 선천적인 식탐과 단맛 애호 성향을 고칠 수 있다. 앙리 4세의 일화 중에는 미래에 앙리 4세가 된 어린 왕자의 가스코뉴식 세례식이 곧잘 언급된다. 아버지 앙리 달베르는 "어린 왕자의 작은 입술을 마늘로 문질렀으며 포도주 한 모금을 빨아먹게 했다. (……) 왕자의 성격을 더 남성적이고 원기 왕성하게 만들기 위해서였다." 아르두엥 드 페레픽스, 《앙리 대왕의 이야기》, 1661 19세기 초에도 이러한 고정관념은 여전히 통용되었고 특히 광고에 반복되어 나타났다. 치즈나 겨자의 강렬한 맛을 아이에게 가르치는 사람은 어머니가 아니라 아버지라는 것이다.

　초콜릿은 여전히 어른들의 기호식품 중 하나였지만, 18세기 후반에 초콜릿을 단 과자 형태의 가공식품으로 만들면서부터 아이들의 기호식품으로 자리 잡기 시작했다. 반면 음료수 형태의 핫초콜릿은 여전히 어른들의 기호식품으로 남아 있었다. 남아메리카, 이후에는 아프리카에서 코코아 생산이 비약적으로 발전했고 유럽에서 사탕무 경작이 확장되었으며 사탕무 생산과 가공의 산업화가 이루어졌다. 덕분에 19세기부터는 초콜릿 생산량이 대폭 증가했으며 이에 따라 초콜릿 가격이 하락했다. 서양 사회에서 단 과자를 소비하는 계층은 자연스럽게 확장되기에 이르렀다. 영국에서 한 사람이 1년 동안 소비하는 설탕의 양은 19세기 동안 9킬로그램에서 40킬로그램으로 증가했다. 설탕과 초콜릿은 더 이상 상류층의 전유물이 아니었으며 산업화가 시작된 나라에서는 19세기부터 저렴한 가격의 당과를 맛볼 수 있었다.

20세기 후반에는 생일에 먹는 간식거리를 통해 당과의 알록달록한 색깔을 어린이의 세계와 연결하는 경향이 더욱 짙어졌다. 생일은 어린아이의 사교생활에 결정적인 순간으로, 생일 케이크와 과자, 음료수 등 달콤한 음식으로 넘쳐나는 생일은 어린이가 왕이 되는 날이기도 하다. 생일을 맞은 어린이와 초대받은 친구들에게는 무엇보다도 달콤한 과자를 어른들의 호의적인 시선 아래 양껏 먹을 수 있는 권리가 있지 않은가. 그러나 아이들이 좋아하는 음식을 단 과자에만 국한시키는 시대착오적인 생각은 멀리해야 한다. 중세부터 17세기까지 사탕수수가 귀하고 비싼 식품이었다는 사실은 잊어버리자. 옛날 아이들은 단 과자뿐 아니라 나무열매를 직접 따먹는 등 서리해 온 과일이나 짠 음식과 특히 빵에 군침을 흘렸다. 루이 14세의 동생 오를레앙 공작의 아내 팔라틴 공녀는 하이델베르크에서 보낸 어린 시절의 추억을 1700년 5월 6일자 편지에 적었다. 짠 음식, 그중에서도 슈오라르(돼지비계를 양배추에 싸 먹는 요리—옮긴이)를 몰래 먹다 들킨 소동에 대한 이야기였다.

"겨우 세 입 먹었을 때 누군가 갑자기 창문 아래 정원에 있는 대포를 쏘아 올리기 시작했다. 마을에 불이 났기 때문이었다. (……) 들켜서 혼이 날까 봐 겁이 난 나는 슈오라르를 접시째로 창밖에 집어던졌다. 입가를 닦을 만한 것도 없었다. 나무계단을 올라오는 발소리가 들렸다. 이제는 고인이 되신 나의 아버지, 팔라틴 선거후選擧侯 카를 1세께서 어디서 불이 났는지 보려고 내 방에 오신 것이다. 내 입가와 턱이 기름으로 번들거리는 꼴을 보고 아버지는 소리쳤다. '리즐로트, 얼굴에 온통 기름칠을 해놨구나!'

내가 말했다. '입술이 터서 연고를 바른 거에요.' 아버지가 말했다. '하지만 지저분한걸.' 나는 웃음을 터뜨렸다. 로그라브도 계단을 올라와 시녀들 방을 가로질러왔다. 그녀는 방에 들어오며 말했다. '시녀들 방에서 슈오라르 냄새가 나네요.' 아버지는 농담을 알아듣고선 말했다. '리즐로트, 네 입술에 바른 연고가 바로 그거였구나!' 아버지가 기분이 좋으신 것을 보고 나는 저지른 바를 고백했다."

추억의 맛, 마들렌:

《잃어버린 시간을 찾아서》1913~1927의 제1편에서는, 어느 겨울 저녁 콩브레에서 어머니가 주인공에게 차와 마들렌을 차려주며 몸을 데우라고 권한다. 주인공은 차를 한 스푼 떠서 기계적으로 입가에 가져간다. "그러나 차와 마들렌 조각이 입안에서 뒤섞여 혀에 닿은 순간, 나는 몸을 부르르 떨었고 내 안에 일어나고 있는 특별한 일에 신경을 곤두세웠다. 달콤한 기쁨이 내 안으로 침범해 들어왔고 나를 세계와 분리시켰다." 유년시절의 추억이 되살아났다. 어느 일요일 아침, 미사에 가기 전에 레오니 숙모가 그에게

므니에 초콜릿의 광고
19세기 말

므니에 초콜릿의 광고
19세기 말

줬던, 차에 적신 마들렌의 맛이 생각났다. _{마르셀 프루스트, 스완네 집 쪽으로, 1913}
구르망디즈와 유년기의 관계를 고려한다면, 《잃어버린 시간을 찾아서》에 등장하는 유년기의 추억과 관련한 여러 경험 중 프루스트가 유독 마들렌이라고 하는 작은 과자를 선택한 것은 매우 의미심장하다. 《잃어버린 시간을 찾아서》 제1편은 엄청난 성공을 거두어, 현재에도 마들렌은 프랑스어로 보통 '기분 좋은 추억을 떠오르게 하는 느낌이나 감각'을 가리킬 정도이다. 감수성과 감정으로 물든 냄새와 맛, 질감은 예나 지금이나 수많은 어른에게 프루스트의 작품에 나타나는 마들렌의 역할을 한다. 발자크는 독자에게 '프리프'(빵에 발라먹는 버터나 잼 따위―옮긴이)의 의미를 설명하기 위해 이러한 이미지를 사용한다.

> "타르틴에 발라진 저속한 프리프인 버터부터 가장 고급스러운 프리프인 살구잼을 막론하고, 어렸을 때 빵은 고스란히 남기고 그 위에 발린 프리프만 핥아 먹어본 적이 있는 이라면 누구나 '프리프'라는 표현이 해당하는 범위를 이해할 수 있을 것이다." 《외제니 그랑데》, 1833)

오늘날 다이앤 커리스의 《박하향 소다수》¹⁹⁷⁷ 같은 영화 제목이나 카타리나 하게나의 《사과 씨의 맛》²⁰⁰⁸ 같은 책 제목, 집게손가락에 침을 묻혀 식탁에 떨어진 설탕가루나 크루아상 부스러기 등을 모으는 행위 등은 추억을 되살리게 하는 마들렌의 역할을 한다. 사십 살이 넘어서도 "어렸을 때 퓌레를 가지고 '엄청나게 멋진 작은 화산'을 만들던 일을" 기억하는 남자도 마찬가지이다. _{르노, 《형편없는 일요일》, 1991}
알제리에서 먹는 부슈 드 노엘, 대영제국의 플럼푸딩 등 제국주의 시대에 식민지로 건너간 유럽인들이나 유럽으로 건너온 이민자들을 막론하고, 모든 이민자에게서는 출신지의 음식이나 요리습관을 수세대에 걸쳐 유지하는 모습이 발견된다. 어머니나 할머니의 요리를 통해 대물림된 맛은 적당히 미화된 고향을 떠올리게 하며 신화화된 유년시절로 돌아가게끔 한다. 대형 레스토랑의 메뉴와 제과 안내서에는 성인들에게 타가다 딸기 젤리, 카랑바르 캐러멜, 챠멜로우 마시멜로, 누텔라(모두 프랑스 어린이들이 좋아하는 간식거리-옮긴이) 등을 가지고 만든 크림과 플랑, 가나슈, 마카롱이 등장한다. 21세기 초의 간식거리에 대한 향수와 회귀본능을 의식적으로 이용하는 것이다. 이제는 성인남자들까지도 본래 아이들의 음식인 봉봉을 드러내놓고 먹을 수 있게 되었다.

이처럼 어린이용 간식을 좋아하는 취향은 새로이 등장한 '아이어른', 즉 키덜트들이 유년기에서 벗어나는 데에 어려움을 느끼고 있거나 미국이나 영국의 영향으로 취향이 변화하고 있다는 사실을 입증하는 것이 아닐까? 둘 중 무엇이든 간에 이 같은 경향은 성인의 입맛이 아동화되어가고 있다는 사실을 보여주며, '구르망디즈'라는 단어의 하락된 가치를 그대로 유지시킨다. 이 현상은 오늘날에 더욱 두드러지기는 하지만 옛날에도 엄연히 존재했다. 19세기 문학 작품의 등장인물 중 남성이 봉봉이나 핫초콜릿을 좋아하면 이는 남성성이 결여되었거나 미성숙하다는 의미였다.

이미 3세기 전에 프랑수아 1세의 주치의 브뤼예랭 샹피에는 왕궁의 남자 중 이러한 미각적 퇴행현상을 보이는 예를 들고 있다. 보통은 아이들이 먹는 음식을 성인남자가 즐겁게 먹는 것이다. "그들은 끓인 죽을 먹기 시작했다. 우리는 몇 가지 이유를 들어 이들이 유년기로 되돌아갔다고 얘기할 수 있을 것이다. 왜냐하면 이 음식은 보통 어린아이가 먹는 음식이기 때문이다."《데 레 시바리아》, 1560 19세기 문학, 그리고《데 레 시바리아》에 예로 든 인물은 '틀림없이' 남성이다. 왜냐하면 여성들은 어린이의 입맛에 가까운 입맛을 '타고난다고' 여겨졌기 때문이다.

〈정물화 n.30〉
톰 웨슬만, 1963, 뉴욕 현대미술관, 뉴욕

탐식의 죄가 돌아오다

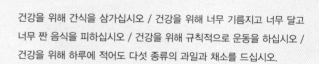

건강을 위해 간식을 삼가십시오 / 건강을 위해 너무 기름지고 너무 달고 너무 짠 음식을 피하십시오 / 건강을 위해 규칙적으로 운동을 하십시오 / 건강을 위해 하루에 적어도 다섯 종류의 과일과 채소를 드십시오.

www.mangerbouger.fr (2010)
(국민건강 캠페인의 일환으로 프랑스 보건부에서 만든 사이트
'먹고 움직여라'라는 의미를 지녔다—옮긴이)

탐식의
죄가 돌아오다

교회가 역사적으로 후퇴하고 있음에도, 의학적 억압과 도덕적·영양학적 담론이 다시 활성화되면서 현대사회에서 '탐식'의 죄가 부활했다. 21세기 초의 십 년은 클로드 피슐러가 1990년에 사회 변화 양상에 대해 기술한 내용을 충분히 확인시켜주는 시기였다. "20세기 말에 탐식의 죄는 성욕의 죄에 비해 더 쉽게 세속화되고 의학의 영역으로 흡수되었다." 영양학적 견해는 탐식하는 사람에게 죄책감을 느끼게 하면서, 탐식의 죄가 자신의 육체에 대한 죄일 뿐 아니라 사회 전체에 대한 죄라는 관념을 심어준다. 그때부터 탐식은 사회적이고 도덕적·심리적인 약점으로 작용하며, 대식가는 영양학적인 죄를 저지를 가능성이 있는 사람으로 인식된다. 'craquer욕구에 굴복하다', 'faire un écart일탈을 저지르다', 'faire une entorse위반하다'와 같은 표현은 유혹에 맞서는 의지가 박약함을 의미하며, 과오라는 개념을 가리킬 뿐 아니라 이제는 일종의 기준이 된 이상적인 식이요법, 즉 다이어트 식단을 지키지 않는다는 것을 의미하기도 한다.

226

게다가 영양학적 소통방식은 아동화되기도 한다. '지식을 갖춘 우리가 너희와 너희의 자녀들에게 제대로 된 식사를 하는 법을 가르쳐주마'라는 식이다. 이러한 경향은 최근의 《프랑스어 문화사전》2005에까지 족적을 남겼다. '달콤한 음식gourmandises으로 아이의 배를 채우다'라는 예문은 구르망디즈gourmandise를 복수형으로 사용하는 경우를 보여주기 위해 선택한 예문이다. '배를 채우다'라는 동사를 사용하고 아이를 언급하면서 어른의 교육이 잘못되었다고 지적한다. 가장 흔하고 전형적인 비난이다. '정크푸드'와 스낵, 탄산음료, 과자와 패스트푸드 그리고 이들을 자주 보여주는 텔레비전 역시 비난의 대상이다. 게다가 일반적으로 너무 뚱뚱한 사람은 음식을 게걸스럽게 먹는다는 편견이 있고, 식사 사이사이에 간식을 자주 먹기 때문에 예의범절을 준수하지 않는 사람으로 간주되기 마련이다.

그러나 대식가에 대한 이런 고정관념과는 달리, 미식에 대한 새로운 의견이 등장하기 시작했다. 1970년대를 지배했던 누벨퀴진프랑스어로 '새로운 요리'란 뜻으로, 1970년대부터 시작된 새로운 방식의 프랑스 요리을 통해 고급 요리는 스타 쉐프 미셸 게라르의 《살찌지 않는 위대한 요리》1976의 예처럼, 미각을 채워주는 쾌락적 측면과 영양학 그리고 미학에 대한 새로운 관심사 모두를 충족시킬 수 있게 되었다. 새로이 등장한 섬세한 식도락가구르망이자 미식 애호가구르메는 뇌졸중에 걸릴 위험도 없으며 얼굴이 붉지도, 몸이 뚱뚱하지도 않다. 게다가 그들은 대식가들이나 선호하는 너무 진하고 무거운 소스는 좋아하지 않는다.

현대 서구사회에서 가장 비만한 계층은 가장 취약하고 가난하며 교육수준이 낮은 계층에 분포한다고 통계된 바가 있다. 이 같은 현상은 여성에게서 특히 두드러진다. 이처럼 앙시앵 레짐 당시에 존재했던 미식 애호가와 게걸스런 대식가의 사회·문화적 격차는 지금까지도 지속되고 있다. 탐식은 여전히 특정 계층에만 해당하는 '죄'로 남아 있지만, 중세시대와 비교하면 적용되는 계층이 정반대로 바뀐 셈이다. 오늘날 비만은 불안정한 경제적 상황과 교육의 부재에 관련된 질병으로 널리 인식되고 있는데, 중세시대와 달리 비만인 몸은 더 이상 성공의 상징이 아닐 뿐더러 사회적으로 거부당하거나 직업적인 차별을 당하게 되는 현상을 낳기도 한다.

지난 몇 세기 동안, 식량 부족으로 고통 받았던 사회에서 사람들은 지방질이 많은 음식을 꿈꿔왔다. 그러나 서구사회가 마음속 깊이 지방을 혐오하게 됨에 따라 20세기에는 지방질을 높이 사는 문화적 경향이 사라졌다. 풍요로운 사회가 도래하면서 서구세계에서는 뚱뚱한 몸을 더 이상 경제적·사회적인 상황이 좋다는 증거로 받아들이지 않게 되었다. '보기 좋은 통통한 몸매embonpoint'라는 단어의 어원은 몸매. 체격이 괜찮은bon 단계point에 있다는 것으로 예전에는 건강을 의미했지만 현재에는 부정적인 의미가 되어버렸다. 콜레스테롤에 대한 공포가 자리 잡고 심혈관질환에 대한 투쟁이 시작되면서 지방은 건강에 해롭다고 비난받았다. 또한 납작한 배와 날씬한 몸매가 일종의 '지상명령'으로 군림하면서 지방은 몸을 살찌게 함으로써 미관을 해친다고 지탄받았다. 설탕 역시 마찬가지로 의학적으로 굉장히 해로운 식품으로 분류되었다.

콜레스테롤과 당뇨, 과체중, 암, 심혈관 질환에 대한 공포로 말미암아 소금, 설탕, 지방 등이 들어가지 않은 '무첨가' 식품, 저지방 식품 그리고 건강기능식품에의 관심이 지속되고 있다. 이런 현상은 영미권과 북유럽에서 유독 두드러진다. 그러나 식품과 건강의 관계를 단순히 영양의 문제로 한정할 수 있을까? 음식을 먹는 사람의 생리적 만족과 사람들 사이의 교류에 핵심적인 것은 바로 맛있는 음식을 먹는 쾌락이 아닐까? 확실한 사실은 그 유명한 '프렌치 파라독스' 역시 식사의 쾌락을 기반으로 한다는 점이다. 이 점이야말로 21세기 초 국민보건캠페인과 영양전문가들의 제일 중요한 과제라고 할 수 있다. 영양학적 권고를 식사의 쾌락이라는 개념과 양립이 가능하게끔 하여 먹는 사람의 죄책감을 없애주는 것이다. 일부 식품대기업의 마케팅 광고 역시 이러한 과제에 부응하려는 시도를 하고 있다.

"부끄러우면 어때, 맛있는데":

20세기와 21세기, 광고에서는 탐식과 관련하여 서양 세계가 지닌 모든 상상력을 재해석했다. 1960년대라는 전환기에 유럽 사회의 관습이 자유화의 물결을 맞이하면서 광고는 칠죄종의 기독교적 유산, 특히 탐식과 성욕의 결합을 이용할 수 있게 되었다. 탐식과 유혹 혹은 탐식과 에로티시즘의 결합은 커피나 초콜릿, 아이스크림, 요거트를 팔기 위한 진정한 클리셰가 되었다. 카카오는 여성들을 황홀하게 만드는 최음 효과를 지닌 식품으로서, 발견된 지 오백 년이 지난 오늘날에도 에로티시즘과 음탕함, 관능성과 관련된 이미지를 퍼뜨리고 있다.

　　탐식은 성인들을 위한 선전문구가 되었으며, 수많은 광고에서 성적 은유를 사용하여 미각적 쾌락을 논한다. 이러한 소통방식은 관능적 쾌락과 미각적 쾌락 간의 문화적 동일시가 강하게 이루어지고 있음을 보여준다. 특히 금지된 것에 대한 위반을 강조함으로써 미각적 쾌락을 죄악시하는 기독교적 유산으로 호소하고 있음을 보여준다. 한 디저트 광고에서는 "부끄러우면 어때, 맛있는데"라는 문구가 나온다. 또 다른 광고에서 여자는 저지방 화이트치즈를 먹은 후에 '완전히 부도덕'하다고 스스로 인정한다. 광고에서는 주로 여성들의 미각적 쾌락을 보여주는데, 여기에도 남성들이 오랫동안 비난했던 여성의 식탐이 지닌 성적 모호성이 자리하고 있다는 것을 발견할 수 있다. 미각적 쾌락과 식이요법, 즉 건강과 구르망디즈가 양립할 수 있는 식단을 강조하면서, 광고는 탐식이라는 죄의 종말을 고한다. 미각적 쾌락을 느끼는 것은 전혀 나쁘지 않으며, 좀 더 파격적인 광고 메시지에서는 혼자서 몰래 먹는 행위조차 나쁘지 않다고 얘기한다. 그래서 사람들은 숨어서 미각적 쾌락을 즐기는 순간을 가지기에 이른다. 개인적 쾌락주의를 통해 몸과 마음의 활력을 되찾고 이 둘을 조화시킬 수 있는 것이다. 그러나 미각적 쾌락에 대한 소통방식은 무엇보다도 화기애애한 분위기와 함께하는 식사, 친구나 가족 간의 대화에 기반을 두고 있다.

온갖 식품을 찬양하는 광고에서는 소비 사회의 손쉬운 먹잇감인 어린이들을 겨냥하는 것을 잊지 않는다. 어린이들은 식탐이 많아 자신의 '나쁜 습성'을 충족시킬 완벽한 준비가 되어 있다. 잼 단지에 손을 넣은 아이는 어른들의 부드럽고 관대한 시선을 받으며 어색한 거짓말을 한다. 초콜릿무스로 온통 얼굴이 더러워진 여자아이도 마찬가지이다. 아이는 "나에 대한 부모님의 믿음을 저버려서는 안 된다"는 사실을 잘 알고 있지만 말이다. 단 과자는 일종의 보상이자 아이와 어른 사이에 암묵적인 동조가 이루어진 즐거운 순간으로서 팔려나간다. 할아버지나 할머니를 등장시킴으로써 유년기의 입맛에 대한 향수라는 방식으로 광고는 연출된다. 두 세대를 만나게 하면서 유년기의 입맛을 추억하게 하고 미각적 정체성이 계승되는 모습을 보여준다.

서양 사회에서 구르망디즈^{탐식}라는 개념이 변화한 가장 최근의 모습은 바로 문화유산으로서의 미식이다. 구르망디즈는 문화적 유산, 노하우,

가문과 마을과 지방 역사의 일부분이 된 것이다. 그렇기 때문에 광고는 종종 낙천적 식도락가인 성직자의 친숙한 이미지를 이용하여 치즈나 맥주, 리큐어를 판다. 이 중 대부분이 현재 성직계와 아무런 관련이 없다고 해도 말이다. 저 먼 중세에 기원을 둔 뚱뚱한 수도사와 비만한 성직자에 대한 서구사회의 이미지에 불과할 뿐이다. 식탐에 대해 더 적대적으로 변한 상황 속에서 살아남기 위한 구실을 찾던 구르망디즈는 이미 답을 찾았을 것이다. 20세기라는 전환기에 구르망디즈는 문화적 유산이 되지 않았는가.

"멧돼지 한 마리 더 먹으려고 하는데……":

프랑스 만화사상 가장 엄청난 성공을 거둔 〈아스테릭스〉[1959]. 아스테릭스 탄생 50주년을 맞이하는 해에 집필된 《탐식과 탐식의 역사》라는 구르망디즈의 여정에서, 모든 모험의 끝은 향연으로 끝난다는 사실을 어찌 간과할 수 있겠는가. 《골족의 영웅 아스테릭스》[1961] 이후 고시니와 우데르조의 아스테릭스 시리즈를 관통하는 것은 미각적 쾌락과 화기애애한 분위기가 자아내는 즐거움이다. 심각하고 진지한 미식전문가가 아닌 아스테릭스의 구르망디즈는 상류층의 것이 아니다. 우리의 영웅들은 문자적 의미 그리고 비유적 의미 그대로 배불리 먹는다. 타협을 모르는 사나이들, 오동통하고 포동포동하며 땅딸막한 골족은 천진난만하며 쾌활한 식도락가이다. 이들의 명랑함, 낙천적인 기질, 쾌활함은 훈제 멧돼지와 신선한 골족 맥주의 맛이 난다.

　《아스테릭스와 골의 12보물》[1965]에는 여행을 하며 각 지역의 특산요리를 즐기는, 미식의 나라라는 명성에 걸맞은 모습이 나타난다. 아스테릭스 시리즈는 국가 건립에 식사가 정체성과 문화적 유산으로서의 역할을 한다는 사실을 입증한다. 중요한 것은 골족 마을의 미식 투어를 통해 침략자 로마에 대한 저항을 보여주는 것이 아니던가. 아스테릭스 일행의 미식 투어는 마치 대중적인 성격의 '투르 드 프랑스'라는 사이클 투어를 선망하는 듯하다. 《아스테릭스 벨기에에 가다》1979에서는 코케뉴로의 모험을 제안한다. 이 작품은 벨기에의 풍요로운 음식과 타르틴 조리법에 대한 오마주이며 코케뉴로의 모험은 브뢰헬의 〈농가의 혼례〉를 암시하는 연회로 막을 내린다. 한편 《아스테릭스 영국에 가다》1966에서는 멧돼지를 잡아먹는 모습이 여러 차례 반복되는데, 이 '불쌍한' 짐승을 끓인 후에 박하 소스로 덮어 미지근한 맥주와 함께 내놓지 않는가. 요컨대 영국인은 음식을 제대로 먹을 줄 모른다는, 프랑스적인 클리셰를 반복하고 있는 셈이다.

이 작품에서 영국인들은 조리법이 복잡하고 마늘이 너무 많이 들어가는 골족요리를 경계한다. 아스테릭스 시리즈는 각종 고정관념부터 자기 조롱에 이르기까지 다양한 방식을 통해 정체성을 드러내는 지표이자, 프랑스뿐 아니라 외국에서도 이해할 수 있는 희극적 효과를 유발하는 동기로 '맛있는 음식'을 사용한다. 브리야 사바랭은 식도락이 "가장 중요한 사회적 유대관계를 형성하게 해주는 것 중 하나이다. 식도락이야말로 화기애애한 분위기에서 서로 나누는 정신을 점차 퍼져나가게 한다. 이런 분위기는 서로 신분과 성격이 다른 사람들을 하나로 모아주고 대화를 활기차게 하며 모난 성격을 둥글게 한다"고 말했다.

아스테릭스의 마지막 컷에서도 같은 이야기를 한다. 타협하지 않는 골족 주민들 사이에 어떤 대립이 있든 간에, 대단원의 막을 내리는 향연은 프랑스 제3공화정 당시 시장들 사이의 대연회처럼 서로간의 단결을 공고히 해준다. 음식이 차려진 탁자가 일반적으로 원형 탁자라는 점도 이를 잘 보여준다. '아주 살짝 통통한' 오벨릭스는 식욕이 엄청난데, 오벨릭스의 식욕이 문제가 될 때는 그가 혼자서 먹을 때이다. 아스테릭스는 오벨릭스에게 이렇게 쏘아붙인다. "멧돼지를 통째로 삼키기 전에 좀 기다리면 안 되니, 이 게걸스런 녀석아." 《아스테릭스와 로마군 스파이》. 1970 아스테릭스 시리즈의 상징적인 음식인 멧돼지를 혼자 먹어치우는 오벨릭스의 태도를 통해 두 친구 사이의 불화가 구체화된다. 서양 사회에서는 바로 탐식의 이런 부분에 대해 오랫동안 비난해왔다. 혼자 먹는 사람은 쾌활한 식도락가가 될 수 없다는 것이다. 결국 교양 있는 식도락이건 저속한 식도락이건, 탐식을 합법적인 즐거움으로 만들어주는 것은 화기애애한 분위기이자 인간적 교류, 대화이다. 탐식은 오늘날 가치공동체에서 이들 요소를 통해 강력한 사회통합의 역할을 할 수 있게 되었다.

기독교 섭리주의, 사람들 간의 교류, 사회적 신분의 표지, 여성과 아이의 미성숙함 그리고 오늘날에는 식품산지와 노하우에 대한 문화유산적인 가치……. 미각적 쾌락이 받아들여지기 위해 혹은 합법화되기 위해서는 정당화가 항상 필요했다. 마치 아스테릭스와 그 친구들의 모험에 매번 빠지지 않고 등장하는, 대단원의 막을 내리는 즐거운 연회처럼 말이다. 나는 "멧돼지 한 마리 더 먹으려고 하는데……" 당신은 어떤가?

찾아보기

ㄱ

《가르강튀아》 7, 135, 144, 145, 146, 234

가스트로노미 8, 9, 157, 161

가스트로놈 8, 9, 155, 156, 161, 176

가톨릭 4, 7, 10, 15, 57, 60, 67, 68, 69, 70, 72, 73, 74, 75, 77, 78, 79, 80, 81, 83, 85, 86, 87, 88, 89, 90, 91, 93, 94, 95, 96, 97, 98, 99, 100, 101, 113, 130, 201, 210

〈강낭콩 먹는 사람〉 121, 123

〈걸쭉한 죽을 먹는 사람들〉 115

〈게으름뱅이의 천국〉 42, 44

고프, 자크 르 Goff, Jacques Le 46

〈과자 먹는 아이들〉 213

〈광인들의 배〉 60

《교황의 요리와 색마 기독교도》 74, 234

구르망 7, 9, 109, 155, 156, 157, 227, 230, 231

구르망디즈 7, 8, 9, 10, 98, 100, 109, 110, 149, 155, 156, 157, 158, 161, 165, 221, 222, 227, 230, 231

구르메 7, 107, 108, 109, 117, 156, 161, 176, 227

군주 31, 32, 37, 130, 135

〈굴과 포도주 잔이 그려진 정물화〉 184

〈굴을 곁들인 오찬〉 88

〈굴을 먹는 소녀〉 185, 186

《궁중요리》 81, 83, 234

《귀족 자제를 위한 가르침》 37, 234

그리스 로마 신화 47

《극히 호화로운 베리공의 기도서》 6, 234

글루통 7, 8, 9, 18, 20, 109, 155, 156

금식 10, 15, 16, 17, 24, 33, 38, 57, 58, 70, 72, 79, 80, 81, 90, 91, 93, 94, 95, 100

《기독교 강요》 73, 80, 234

ㄴ

〈나는 모두를 위해 마시겠소〉 97

나사로 Lazaros 29, 30, 31

ㄷ

다이, 피에르 D'Ailly, Pierre 31

〈단 과자가 가득한 자루를 든 아이들〉 196

단테, 알리기에르 Dante, Alighieri 27, 30

대식가 7, 8, 9, 11, 25, 27, 30, 31, 35, 37, 38, 44, 45, 47, 48, 49, 51, 53, 55, 57, 59, 62, 63, 70, 72, 75, 100, 101, 109, 111, 114, 122, 124, 135, 137, 139, 141, 153, 155, 156, 161, 205, 226, 227, 228

《더벅머리 페터의 모험》 200, 205

《도상학》 25, 127

돈 두아르테 1세 Don Duarte I 33

드뷔쿠르, 필리베르 루이 Debucourt, Philibert Louis 154

들뤼모, 장 Delumeau, Jean 46

〈'뚱뚱한' 새는 늦게 난다〉 136

ㄹ

라 살, 앙투안 드 La Sale Antoine de 70

라 살, 장 바티스트 드 La Salle, Jean Baptiste de 111

라루스, 피에르 Larousse, Pierre-Athanase 141, 156, 161, 176

럼폴트, 막스 Rumpolt, Max 126

레이니에르, 그리모 드 라 Reyniere, Grimod de la 4, 67, 87, 109, 122, 134, 150, 161, 163, 165, 173, 175, 190, 192

로베르 보나르 179, 180

롱기, 피에트로 Longhi, Pietro 182

루이 14세 Louis ⅩⅣ 4, 63, 132, 133, 134, 170, 217

루이 15세 Louis ⅩⅤ 88, 128, 133, 134, 135, 142, 161, 181

루이 16세 Louis ⅩⅥ 4, 134, 135, 137, 138

루이레케르란트 48

루터, 마르틴 Luther, Martin 75, 25, 68, 75, 77, 78, 80

르네상스 40, 41, 45, 47, 55, 74, 88, 113, 117, 122, 127, 149, 190, 206

리오타르, 장 에티엔 Liotard, Jean-Etienne 92

〈리코타 먹는 사람들〉 122, 125

리파, 체자레 Ripa, Cesare 127

ㅁ

마들렌 11, 218, 221

마르티누스 4세 Martinus Ⅳ 30

〈맛〉 118, 130

메넬, 스테판 Mennell, Stephen 84, 130

멜란히톤, 필리프 Melanchthon, Philipp 77

〈모르간테〉 126, 144, 146

모이용, 루이즈 Moillon, Louise 102

몽테뉴, 미셸 드 Montaigne, Michel de 105, 106, 116, 214

《미식가 연감》 4, 67, 87, 109, 142, 150, 151, 152, 154, 155, 156, 158, 162, 170, 175

미식담론 7, 11, 161, 162, 163

미식문학 11, 141, 142, 143, 147, 149, 150, 151, 153, 155, 156, 157, 159, 161, 163, 165

미식 애호가 7, 9, 11, 88, 98, 100, 101, 103, 104, 105, 107, 108, 109, 111, 113, 115, 116, 117, 119, 121, 123, 125, 126, 127, 128, 129, 130, 132, 133, 135, 137, 139, 142, 156, 160, 161, 174, 175, 189, 190, 227

ㅂ

바바 5

《발두스Baldus》 72, 106, 144

《백과전서》 4, 109, 110

베로, 장 Béraud, Jean 166

〈베른〉 114

베르슈, 조셉 Berchoux, Joseph 8, 157

베살리우스, 안드레아스 Vesalius, Andreas 127

보슈, 히에로니뮈스 Bosch, Hieronymus 60

보스, 아브라함 Bosse, Abraham 39,
85, 130, 182, 208, 215
보카치오, 조반니 Boccaccio, Giovanni
31, 48, 51
볼로냐 대성당 30
봉봉 214, 222
부르주아 4, 30, 57, 100, 113, 130,
139, 182, 190, 193, 210, 214
부아사르, 로베르 Boissard, Robert
112
부활절 58, 210
브란트, 제바스티안 Brant, Sebastian
60
브뢰헬, 피테르 Bruegel, Pieter the
Elder 42, 44, 45, 46, 53, 165, 202,
232
《브리야 사바랭의 미식 예찬》 6, 140,
158, 159, 162, 167
브리야 사바랭, 장 앙텔므 Brillat-Sa-
varin, Jean-Anthelme 140, 158

ㅅ
사순절 32, 57, 58, 70, 73, 79, 80,
88, 90, 93
산 지미냐노 성당 30
《새로운 조리법의 책》 126
생 타망 Saint—Amant 114
〈샹젤리제 대로, 글로프 빵집〉 166
설탕 40, 41, 48, 50, 63, 78, 80, 84,
87, 93, 94, 111, 120, 157, 167, 168,
170, 173, 174, 177, 199, 201, 210,
213, 214, 216, 217, 221, 228
성 루이 32, 33, 37, 38
《성배의 탐색》 33

성욕 4, 11, 14, 15, 16, 17, 18, 20, 22,
24, 32, 34, 59, 60, 69, 74, 77, 81,
88, 94, 109, 135, 169, 177, 181, 185,
189, 226, 229
《세계 대백과사전》 141, 156, 161, 176
세귀르 백작 부인 Comtesse de Ségur
198, 199, 201
《소피의 불행》 198, 199, 201
스테인, 얀 Steen, Jan 185, 186, 210
《시동 장 드 생트레》 70
〈시몽 상자〉 194
식도락 4, 7, 9, 11, 79, 84, 98, 105,
109, 110, 113, 117, 119, 120, 122,
127, 132, 133, 143, 149, 150, 152,
153, 154, 155, 156, 157, 162, 164,
165, 168, 227, 231, 232, 233
식욕 4, 5, 9, 18, 20, 31, 33, 34, 40,
49, 63, 70, 81, 90, 91, 99, 101, 105,
109, 111, 113, 114, 116, 124, 128, 133,
134, 139, 155, 162, 178, 188, 202,
206, 214, 233
〈식도락가에게〉 154
〈식탐이 많은 자, 게으른 자, 색을 밝히
는 자에 대한 지옥의 형벌〉 12
《신곡》 27, 30
《신학대전》 33

ㅇ
〈아내와 가족에게 이별을 고하는 루이
16세〉 137, 138
아담 6, 21, 22, 47
아르노, 니콜라 Arnoult, Nicolas 118
아만, 요스트 Amman, Jost 126, 129
아스테릭스 Astérix 231, 232, 233

아퀴나스, 토마스 Aquinas, Thomas 33, 95, 99

〈아침에 마시는 초콜릿〉 182

〈악덕의 행렬〉 25, 37

안젤리코, 프라 Angelico, Fra 27

알폰소 1세 Alfonso Ⅰ 34

알폰소 10세 Alfonso Ⅹ 33

앙시앵 레짐 Ancien Régime 45, 91, 96, 110, 117, 122, 130, 153, 181, 227

〈에덴의 정원〉 6

에라스뮈스, 데시데리위스 Erasmus, Desiderius 37, 80, 110, 111, 211

에스테반 무리요, 바르톨로메 Esteban Murillo, Bartolomé 213

엘도라도 46

엘리아스, 노르베르트 Elias, Norbert 37

〈여자 파티쉐〉 171

영양학 11, 38, 40, 45, 95, 107, 127, 128, 130, 148, 149, 150, 158, 195, 226, 227, 229

《예수 그리스도의 행적과 교황의 행적》 75

오만 15, 16, 21, 30, 33

〈왕의 주연〉 56

《외국 손님》 37

요르단스, 야코프 Jordaens, Jacob 56, 115

《요리사》 148, 149

〈요리사〉 129

유토피아 10, 43, 44, 45

〈이브와 원죄〉 23

인색 15, 16, 30, 73, 88, 146

《인체 해부에 대하여》 128

《잃어버린 시간을 찾아서》 218, 221

ㅈ

절식 10, 27, 31, 32, 83, 90

정통 미식가 8, 9, 11, 157

조쿠르, 루이 드 Jaucourt, Louis de 4, 109, 110

조프로이, 앙리 쥘 장 Geoffroy, Henry Jules Jean 196

〈조화〉 112

중세 회화 24, 30

지옥도 25, 30

ㅊ

〈채소와 과일 파는 상인〉 102, 104

체어클레레, 토마진 폰 Zerklaere, Thomasin von 37

초콜릿 10, 11, 87, 88, 92, 94, 95, 96, 122, 152, 165, 172, 177, 178, 179, 180, 181, 182, 210, 213, 216, 217, 219, 220, 222, 229, 230

〈초콜릿 음료를 준비하는 여자〉 92

〈초콜릿을 마시는 기사와 귀부인〉 179, 180

〈최후의 심판〉 27

축일 58, 208, 210

취기 10, 17, 18, 20, 31, 47, 96, 98, 100, 126, 137

칠죄종 4, 7, 16, 20, 27, 28, 39, 58, 229

ㅋ

카라치, 안니발레 Carrache, Annibale 121, 123

카피엘로, 레오네토 Cappiello, Lron-netto 194
〈칼레 대문〉 66
칼뱅, 장 Calvin, Jean 73
캄피, 빈센조 Campi, Vincenxo 122, 125
《코무스의 선물》 133, 149
코케뉴 10, 43, 44, 45, 46, 47, 48, 49, 50, 51, 52, 53, 54, 55, 56, 57, 58, 59, 60, 62, 63, 65, 144, 232
쾌락 5, 10, 11, 32, 33, 34, 39, 53, 59, 60, 63, 64, 68, 69, 70, 77, 84, 85, 86, 88, 91, 94, 96, 98, 99, 100, 101, 106, 107, 109, 110, 113, 121, 128, 129, 130, 143, 147, 148, 149, 150, 152, 156, 158, 173, 178, 182, 184, 185, 187, 188, 190, 191, 214, 227, 229, 230, 231, 233
《코케뉴로 가는 편안한 여정》 43, 54
〈코케뉴 이야기〉 45, 46, 50, 52, 58
크라나흐, 대 루카스 Cranach, Lucas the Elder 75, 76

ㅌ

《탁상 담화》 77, 80
탐식 2, 4, 5, 7, 8, 9, 10, 11, 13, 14, 15, 16, 17, 18, 20, 22, 24, 25, 27, 28, 30, 31, 32, 33, 34, 37, 38, 39, 45, 54, 59, 60, 62, 67, 69, 70, 73, 77, 78, 81, 84, 88, 96, 98, 100, 104, 107, 109, 119, 127, 128, 133, 134, 135, 165, 169, 178, 181, 188, 191, 201, 203, 205, 225, 226, 227, 228, 229, 230, 231, 233

테올로가스트르 75
트루아, 장 프랑수아 드 Troy, Jean-Francois de 88

ㅍ

〈포벨 이야기〉 31
폭식 21, 67
폭음 7, 30, 34, 38, 59, 77, 81, 134, 158, 191
폴렝고, 테오필로 Folengo, Teofilo 72, 106, 144
《퓌르티에르 사전》 109, 110, 189
풀치, 루이지 Pulci, Luigi 126, 144
풍속 37, 70, 130, 149, 150, 185, 190, 210
풍자삽화 83, 97, 134, 135, 136, 137, 138, 139
《프랑스 요리사》 79, 148, 168
프레드릭 슬레어 170, 214
프로테스탄트 10, 67, 68, 69, 73, 75, 77, 78, 79, 81, 83, 85, 86, 87, 89, 91, 93, 95, 99, 101
프리앙디즈 8, 107, 156, 157
플랑드랭, 장 루이 Frandrin, Jean-Louis 127, 128

ㅎ

하비, 윌리엄 Harvey, William 128
향신료 18, 51, 70, 78, 95, 132, 173
호가스, 윌리엄 Hogarth, William 66, 202

참고문헌

BASCHET, Jérôme, *Les justices de l'au-delà. Les représentations de l'enfer en France et en Italie (XIIe-XVe siècles)*, Rome, Écoles Francaises de Rome, 1993

BAUDEZ, Helene, *le Goût, ce plaisir qu'on dit charnel dans la publicité alimentaire*, Paris, L'Harmattan, 2006

BECKER, Karin, *Der Gourmand, der Bourgeois und der Romancier: die französische Esskultur in Literatur und Gesellschaft des Bürgerlichen Zeitalters*, Frankfurt am Main, Klostermann, 2000.

CAPATTI, Alberto et MONTANARI, Massimo, *la Cuisine italienne. Histoire d'une culture*, Paris, Le Seuil, 2002.

CASAGRANDE, Carla et VECCHIO, S ilvana, *Histoire des péchés capitaux au Moyen Âge*, Paris, Aubier, 2002.

CHARBONNEAU, Frédéric, *l'École de la gourmandize de Louis XIV à la Révolution*, Paris, Éditions Desjonquieres, 2008.

CORBEAU, Jean-Pierre (dir.), *Nourrir de plaisir. Régression, transgression, transmission, régulation?*, Paris, Les Cahiers de l'Ocha n°13, 2008

CSERGO, Julia (dir.), *Trop gros? L'obésité et ses représentations*, Paris, Éditions Autrement, collection 《mutations》, n°254, 2009.

FISCHLER, Claude, *l'Homnivore*, Paris, Odile Jacob, 1990.

FLANDRIN, Jean-Louis et MONTANARI, Massimo (dir.), *Histoire de l'alimentation*, Paris, Fayard, 1996.

HACHE-BISSETTE, Francoise et SALLARD, Denis (dir.), *Gastronomie et identitié culturelle francaise*, Paris, Nouveau Monde éditions, 2007.

HARWICH, Nikita, *Histoire du chocolat*, Paris, Éditions Desjonquières, 1992, rééd. 2008.

JEANNERET, Michel, *Des met et des mots, Banquets et propos de table a la Renaissance*, Paris, José Corti, 1987.

MENNELL, Stephen, *Francais et Anglais a table du Moyen Âge à nos jours*, Paris, Flammarion, 1987.

MEYZIE, Philippe (dir.), *la Gourmandise entre peche et plaisir*, numéro spécial de la revue Lumières, n°11 - 1er semester 2008.

N'DIAYE, Catherine (dir.), *la Gourmandise, délices d'un péché*, Paris, Éditions Autrement, collection 《mutation/mangeurs》, n°140, 1993.

사진출처